Les Éditions du Boréal
4447, rue Saint-Denis
Montréal (Québec) H2J 2L2
www.editionsboreal.qc.ca

AURÉLIE, MA SŒUR

Œuvres de Marie Laberge

Romans

Aux Éditions du Boréal

Juillet, 1989 (collection « Boréal compact », 1993)

Quelques Adieux, 1992 (collection « Boréal compact », 1997)

Le Poids des ombres, 1994 (collection « Boréal compact », 1999)

Annabelle, 1996 (collection « Boréal compact », 2001)

La Cérémonie des anges, 1998 (collection « Boréal compact », 2004)

Gabrielle. Le Goût du bonheur I, 2000 ; Paris, Anne Carrière, 2003

Adélaïde. Le Goût du bonheur II, 2001 ; Paris, Anne Carrière, 2003

Florent. Le Goût du bonheur III, 2001 ; Paris, Anne Carrière, 2003

Théâtre

C'était avant la guerre à l'Anse-à-Gilles, VLB éditeur, 1981 ; Les Éditions du Boréal, 1995

Ils étaient venus pour…, VLB éditeur, 1981 ; Les Éditions du Boréal, 1997

Avec l'hiver qui s'en vient, VLB éditeur, 1982

Jocelyne Trudelle trouvée morte dans ses larmes, VLB éditeur, 1983 ; Les Éditions du Boréal, 1992

Deux Tangos pour toute une vie, VLB éditeur, 1985 ; Les Éditions du Boréal, 1993

L'Homme gris suivi de *Éva et Évelyne*, VLB éditeur, 1986 ; Les Éditions du Boréal, 1995

Le Night Cap Bar, VLB éditeur, 1987 ; Les Éditions du Boréal, 1997

Oublier, VLB éditeur, 1987 ; Les Éditions du Boréal, 1993

Aurélie, ma sœur, VLB éditeur, 1988 ; Les Éditions du Boréal, 1992

Le Banc, VLB éditeur, 1989 ; Les Éditions du Boréal, 1994

Le Faucon, Les Éditions du Boréal, 1991

Pierre ou la Consolation, Les Éditions du Boréal, 1992

Marie Laberge

AURÉLIE, MA SŒUR

Boréal

Les Éditions du Boréal remercient le Conseil des Arts du Canada ainsi que le ministère du Patrimoine canadien et la SODEC pour leur soutien financier.

Les Éditions du Boréal bénéficient également du Programme de crédit d'impôt pour l'édition de livres du gouvernement du Québec.

Photos de l'intérieur et de couverture : Jacques Laberge

Dépôt légal : 3e trimestre 1992
Bibliothèque nationale du Québec

Diffusion au Canada : Dimedia

Données de catalogage avant publication (Canada)

Laberge, Marie, 1950-

Aurélie, ma sœur : théâtre
2e éd.

ISBN 2-89052-482-5

I. Titre.

PS8573.A1688A97 1992 C842'.55 C92-096836-8
PS9573.A1688A97 1992
PS3919. 2.L32A97 1992

À Denise Gagnon, pour célébrer les 10 ans de notre amitié qui m'ont apporté plus que je ne saurai jamais en témoigner.

Et à Michel Fortier.

j'ai peut-être dépassé le fameux moment
où l'on est au beau milieu de toute sa vie
non je ne suis plus un enfant
mais je n'ai aucune nostalgie
de l'ancienne innocence

entre le destin et la liberté
je cherche seulement
une sorte une manière de pureté
celle du courage de l'humour
et celui de la compassion

je bois les saisons
et je mange l'existence
et je suis une caresse

comme une liberté
je suis seulement fragile

Michel Garneau.

Aurélie, ma sœur
de Marie Laberge
a été créée le 1er novembre 1988
à Québec
au Grand Théâtre de Québec
par le Théâtre du Trident
dans une mise en scène de Marie Laberge
assistée de John Applin
des décors de Monique Dion
des costumes de Luce Pelletier
assistée de Caroline Drouin
des éclairages de Michel Beaulieu
des accessoires de Michel Gauthier
et une musique de Robert Caux

Distribution

Aurélie	*Denise Gagnon*
La Chatte	*Guylaine Tremblay*

La production a été reprise à Montréal et à Ottawa.
À Montréal, au Café de la Place de la Place des arts
avec les mêmes créateurs
et une régie de Claude Paré
du 11 janvier au 11 mars 1989.

À Ottawa, au Théâtre français du Centre National des arts
avec les mêmes créateurs
et une régie de John Applin
du 9 au 18 novembre 1989.

Le décor

Un solarium. Un vrai. Des trois côtés, on doit sentir les carreaux si on ne les voit pas. Un solarium déguisé en jardin d'hiver même l'été. C'est le lieu privilégié d'Aurélie. Elle y fait pousser ce qu'elle veut: il y a des plantes vertes partout, de toutes grandeurs, de toutes sortes. À chaque changement de saison, le contenu du solarium change, varie, indiquant la saison et le passage du temps.

Des meubles extrêmement confortables, une table basse pour le thé, les livres, les revues. De l'ambiance, quoi! Un vieux solarium, habité depuis longtemps, avec amour et bien-être. Un endroit qui rend bien tout l'intérêt qu'il a reçu.

Le solarium donne sur le salon de la maison par une porte au fond de la scène, plutôt côté jardin (mais pourquoi pas cour si cela vous arrange?), une porte avec des carreaux vitrés comme le reste du solarium, une porte qui n'est jamais fermée.

Les personnages

Aurélie

Quarante-cinq ans au début de la pièce.
Une femme remarquable d'humanité, de lucidité et de compassion. Jamais romantique, elle se comporte en amie avec la Chatte.
On devrait éviter un ton «mère-fille» et privilégier la complicité et la tendresse entre elle et la Chatte.

La Chatte

Vingt-trois ans au début de la pièce.
Son vrai nom est Charlotte. Vive et passionnée, elle n'entretient pas des rapports serrés avec la compromission et l'abnégation. Pas de demi-mesure avec elle, la vie doit être vécue dans son plus fort et son plus vibrant.
C'est beaucoup plus qu'une jolie fille, c'est une femme habitée d'une profonde beauté, follement attachée à la vie.

NUIT 1

C'est la fin du jour. La chute du soleil: tout est nimbé d'un rose foncé prononcé qui provient d'un côté du solarium. Dès le début de la pièce, Aurélie est affairée: elle ouvre un gros paquet de glaïeuls, étend le papier d'emballage par terre, approche un gros vase rempli d'eau. Elle se lève, prend un couteau dans un coin et elle coupe les tiges des fleurs en biseau avant de les mettre dans l'eau. Depuis le début de l'action, la Chatte lui parle de l'intérieur du salon. Elle est très excitée, très énervée, mais elle essaie de faire semblant de rien. Cette conversation pourrait avoir commencé depuis des heures.

VOIX DE LA CHATTE
...Pis c'pas l'genre de gars à faire ça souvent! Imagine-toi pas qu'y a sorti toutes les filles du cours, là!

AURÉLIE
Ben non! J'espère que t'es la première.

VOIX DE LA CHATTE
Qu'est-ce que tu penses? *(Elle change de ton, elle est occupée à autre chose, on doit le sentir.)* Bon, ça fait pas! J'ai l'air folle, c't'effrayant! Une fille d'la campagne endimanchée. Une vraie épaisse!

AURÉLIE
Viens me l'montrer au moins.

VOIX DE LA CHATTE
Non, non, j'vas mette d'aut' chose...

AURÉLIE
As-tu apporté une valise?

VOIX DE LA CHATTE
(On l'entend rire.) Presque! J'voulais t'emprunter ton foulard, là... t'sais cel-là avec...

AURÉLIE
(En même temps que la Chatte, en riant.) ... jusse un fil d'or, tellement chic! *(Elle rit.)* Y est pas chez vous? Me semble c'est toi la dernière qui l'as mis.

VOIX DE LA CHATTE
Ah non, c'pas vrai? T'es-tu sûre?

AURÉLIE
Attends, j'vas y aller. *(Elle se lève, la voix de la Chatte l'arrête.)*

VOIX DE LA CHATTE
Ah laisse faire! c'est pus sûr que j'en aye encore besoin. J'vas essayer la rose avec les mêmes pantalons. Si c'est ça que j'décide de mette, le foulard matchera pas.

AURÉLIE
(Se remet à ses fleurs.) Ouain... y doit être beau...

VOIX DE LA CHATTE
Pas tant qu'ça... mais y a du charme! Y a queque chose de spécial, tu peux pas savoir. D'abord, c't'un homme, pas un tit-cul.

AURÉLIE
C'est déjà ça...

VOIX DE LA CHATTE
Ris pas d'moi! J'sais pas si tu t'souviens de Jef, mais...

AURÉLIE
Ben sûr que j'me souviens d'lui... *(Elle sourit.)*

Un temps. Pas un mot ne provient de l'autre côté.

VOIX DE LA CHATTE
Oh toi, on sait ben...

AURÉLIE
Qu'est-ce que tu veux, je l'trouvais d'mon goût, moi, Jef.

VOIX DE LA CHATTE
Attends d'rencontrer Pierre-Louis, tu vas tomber sus l'dos ma p'tite fille!

AURÉLIE
(Pas sûre de tout.) Pierre-Louis...

VOIX DE LA CHATTE
Quoi?

AURÉLIE
Rien! Y a un drôle de nom.

VOIX DE LA CHATTE
Ben quoi? Pierre-Louis! C'est plus original que Jean-Louis au moins. *(Change de sujet.)* Non, non! J'ai l'air d'un nanane... un marshmallow enveloppé de rose.

AURÉLIE
Pourquoi tu mets pas ta robe blanche avec le blazer que t'aimes tant?

VOIX DE LA CHATTE
Franchement! J'vas avoir l'air de m'être changée jusse pour lui!

AURÉLIE
Ah ben là... mets tes jeans.

VOIX DE LA CHATTE
J'voudrais pas faire exprès non plus: j'ai toujours été en jeans au cours.

AURÉLIE
Ben oui mais ça fait trois mois qu't'as pas eu d'cours! Penses-tu qu'y va s'en souvenir?

VOIX DE LA CHATTE
Ben oui: y a dit qu'y m'avait r'marquée au premier cours! Avoir su... te rends-tu compte qu'on a perdu au moins quatre mois?

AURÉLIE
C'est p'tête pas perdu... Viens m'montrer la rose au moins...

VOIX DE LA CHATTE
Non, non, j'vas r'mette le chandail bleu...

AURÉLIE
T'avais pas dit que c'tait moins commode à enlever? Qu'y était serré du cou?

VOIX DE LA CHATTE
Ah oui, y faut tout l'temps tirer d'sus, c'est vrai! J'aurais l'air fin! Non, c'pas bon, ça!... Ah mon dieu, j'espère qu'y va me l'ôter!

AURÉLIE
Faudrait ben qu'tu trouves queque chose à t'faire ôter...

VOIX DE LA CHATTE
Mais j'ai rien à m'mette, moi! Rien!

AURÉLIE
Ton chemisier jaune...

VOIX DE LA CHATTE
Es-tu folle? Tu transpires une goutte là-d'dans pis ça paraît tu-suite. J'ai pas fini d'avoir chaud, moi, à soir.

AURÉLIE
Ben mets l'noir! Y est beau, y est chic pis pas chic, pis tu peux le traverser, ça paraîtra pas.

VOIX DE LA CHATTE
Penses-tu?

AURÉLIE
Avec du noir, tu t'trompes pas.

VOIX DE LA CHATTE
Lui en rayonne, là... mouain... faudrait le r'passer un peu.

AURÉLIE
Essaye-le avant!

VOIX DE LA CHATTE
Mettrais-tu une ceinture, toi? Ç'a-tu du bon sens d'être énervée d'même! J'te dis: j'me sens pus l'bout des doigts. Chus toute engourdie... Mes cheveux sont épouvantables! J'aurais jamais dû aller m'baigner hier. Le chlore là...

AURÉLIE
Si t'étais pas allée t'baigner hier, tu serais pas énervée à soir.

VOIX DE LA CHATTE
C'est vrai! Qu'chus niaiseuse. Moi, quand j'ai l'kik, j'ai l'quotient qui m'descend din deux chiffres. Si tu l'avais vu! Beau! Tu sais comme y a des gars qui ont l'air niaiseux en costume de bain! Lui, pantoute! On voyait rien qu'lui: musclé, mais pas trop, bronzé jusse assez. Si tu l'avais vu plonger...

AURÉLIE
Arrête, chus sûre que j'me serais noyée. *(Elle regarde son bouquet terminé, satisfaite. Elle lui trouve une place, vérifie en passant la terre d'une plante.)*

VOIX DE LA CHATTE
Pas show-off pour deux cennes. Pis y aurait pu! Jamais vu quelqu'un plonger d'même. Chus sûre qu'y a faite d'la compétition.

AURÉLIE
Viens-tu me l'montrer, l'noir?

VOIX DE LA CHATTE
Ouain... mais j'ai l'air folle. C'pas ça qu'y faudrait.

Elle arrive, se place juste à contre-jour devant Aurélie qui ramassait le papier à terre.

AURÉLIE
J'vois rien là... va d'l'autre côté, t'es t'à contre-jour.

La Chatte va se placer dans la lumière rose. Elle est, bien sûr, rayonnante.

AURÉLIE
Si y t'trouve pas à son goût, c't'un innocent qui connaît rien.

CHATTE
Y a des millions d'filles plus belles que moi!

AURÉLIE
Ça serait un épais...

CHATTE
Plus intelligentes, plus drôles, plus sexy... maudit qu'y a des filles dans l'monde!

AURÉLIE
Ouain, tu pars sûre de ton coup!

CHATTE
Tu comprends pas: lui, c'pas pareil, c't'important.

AURÉLIE
Ben oui. J'vois ben qu'c'est important. Mais laisse-z-y une chance, descends-toi pas en partant.

CHATTE
Ouain, j'vas l'laisser faire tu-seul... *(Un temps.)* Tout à coup je l'déçois?

AURÉLIE
Tout à coup lui, y t'déçoit?

CHATTE
Penses-tu! Jamais d'la vie. Y a queque chose de tellement... tellement attirant. J'espère que ça va s'passer à soir! C'gars-là, j'le r'garde deux minutes pis les g'noux m'plient. Si y faut qu'y m'touche, j'meurs. As-tu déjà senti ça, toi? Rien qu'à voir le gars, tu sais tu-suite qu'avec lui, ça va être la fin du monde!

AURÉLIE
Pas vraiment, non.

CHATTE
Han? Jamais?

AURÉLIE
(Elle rit.) J'te trouve ben chanceuse.

CHATTE
Ouain... j'sais pus... J'mets-tu la ceinture ou ben l'foulard?

AURÉLIE
Ben, l'foulard, chus pas sûre de l'avoir ici. Me semble tu l'as apporté chez vous... *(Elle vient pour sortir pour aller vérifier. La Chatte se colle contre elle, la serre très fort.)*

CHATTE
Aurélie, chus tellement énervée, tellement! Dis-moi qu'y va m'aimer. Dis-moi qu'ça va marcher.

AURÉLIE
(Se retourne, la regarde, arrange doucement une mèche de ses cheveux.) Ma Chatte! Ma belle Chatte... comment veux-tu qu'y y échappe? Y est faite, c'gars-là! Si y l'sait pas, c't'à soir qu'y va s'en rendre compte.

CHATTE
(Elle rit, nerveuse.) Oui, han?

AURÉLIE
Y doit être à peu près dans l'même état qu'toi.

CHATTE
Pauv' lui!

AURÉLIE
Y a chaud, y sait pus quoi mettre, y s'trouve pas d'son goût.

CHATTE
Y va mette ses jeans pour faire jeune.

AURÉLIE
Y doit être pas mal plusse inquiet qu'toi.

CHATTE
Y est fou! Es-tu sûre? P'tête qu'y s'est senti obligé d'm'inviter...

AURÉLIE
Pourquoi? Tu fais pas pitié! T'es capable d'aller au cinéma tu-seule.

CHATTE
Ben non, mais j'veux dire... vu qu'c'est sa spécialité, ça, l'cinéma américain, pis qu'on n'a parlé, pis toute... Y aurait pu s'sentir obligé.

AURÉLIE
Obligé d'quoi? De t'cultiver? De continuer son enseignement?

CHATTE
Ben non, mais... j'sais pas... assez mal à l'aise pour m'inviter même si y n'avait pas envie...

AURÉLIE
Y était assez mal à l'aise qu'y a pris la peine de t'dire qu'y t'avait remarquée au premier cours.

CHATTE
Ben oui, mais...

AURÉLIE
Mais rien! *(Elle prend le visage de la Chatte dans ses mains.)* Écoute-moi bien ma Chatte à moi: si c'gars-là est capable d'aimer, chus sûre qu'y va t'aimer.

CHATTE
Tu penses?

AURÉLIE
Sûre. Si y est capable!

CHATTE
Tu peux être sûre qu'y l'est.

AURÉLIE
(La prend dans ses bras.) On verra. *(Un temps)* As-tu deux secondes?

CHATTE
Ben si j'garde c'que j'ai sus l'dos...

AURÉLIE
Ben oui, t'es parfaite de même. C'est *la* tenue pour aller au cinéma.

CHATTE
Avec un gars qui va peut-être m'aimer... Seigneur! J'espère que l'son va être fort, sans ça y va m'entendre le cœur battre tout l'long du film.

AURÉLIE
Tu t'diras qu'c'est l'sien. Attends-moi, je r'viens.

Elle sort. La Chatte s'arrange, révise la position de la chemise, ses cheveux. Elle s'assoit, se relève, déboutonne un bouton du décolleté, vérifie l'effet, se penche, le reboutonne, soupire. Aurélie revient, elle tient quelque chose dans sa main fermée.

AURÉLIE
Tiens! Ça va t'porter chance.

Elle lui met le cadeau dans la main.

CHATTE
Han? La bague! La bague des grands soupers! Tu m'a passes?

AURÉLIE
J'ta donne.

CHATTE
Ben voyons don, c'est précieux, ça! C'est ta plus belle! Celle que t'aimes le plusse. La «dinner ring»!

AURÉLIE
La bague des grandes dames. Celle des femmes fatales en robe du soir qui descendent pour dîner... j'ai pus tellement l'âge, pis j'ai jamais vraiment eu le look!

CHATTE
(Émue.) Tu peux pas m'donner ça, tu y tiens tellement.

AURÉLIE
Justement.

CHATTE
Mais c'tait un cadeau qu't'as eu!

AURÉLIE
Justement! Un jour, dans 20, 30 ans, tu vas la donner à quelqu'un qui va être assez précieuse pour la porter. C't'une bague précieuse, portée par des femmes précieuses.

CHATTE
(La met.) Pourquoi tu m'a donnes maintenant?

AURÉLIE
Parce que quand on me l'a donnée, quand mon ex-belle-mère me l'a donnée, c'était un jour où j'avais peur d'être pas grand-chose. A me l'a donnée en me racontant l'histoire, tu sais, toute l'histoire d'la bague, pis en m'disant qu'elle espérait que jamais j'doute de moi ou d'ma valeur. A m'a dit que cette bague-là pouvait seulement être portée par des femmes qui ont d'la valeur mais qui risquent de l'oublier souvent et d'en douter tout l'temps... En la regardant, on est supposé se souvenir que, si on la porte, c'est pas pour rien. J'ai toujours pensé qu'c'est à toi que j'la donnerais.

CHATTE
J'l'ai presque toujours vue sur toi.

AURÉLIE
Ça fait dix-huit ans qu'je l'ai. Depuis mon divorce.

CHATTE
Dix-huit ans...

AURÉLIE
C'est la dernière fois qu'j'ai vu ma belle-mère.

CHATTE
Pis tu m'a donnes à soir!

AURÉLIE
J'trouvais qu't'avais pas eu assez d'émotions!

CHATTE
Pas d'farce, Aurélie, c't'un cadeau... j'sais pas... j'sais pas comment dire...

AURÉLIE
J'me sus dit qu't'allais douter. Quand on tombe en amour, on doute beaucoup ça a l'air. J'voulais qu't'ayes queque chose qui t'rappelle que t'es quelqu'un de très bien. Une femme précieuse. J'aimerais ça qu'tu l'oublies pas.

CHATTE
Je l'ôterai jamais.

AURÉLIE
Surtout pas pour faire l'amour.

CHATTE
Aurélie! Dis pas ça, tu vas m'faire mourir! *(Elle l'embrasse.)* Merci Aurélie.

AURÉLIE
(Émue.) Bon... Vas-tu venir me conter ça demain?

CHATTE
Peut-être à soir. Si ça marche pas, ça m'tentera pas d'rentrer chez nous.

AURÉLIE
Viens quand tu veux: tu l'sais, j'me couche pas d'bonne heure.

CHATTE
Mais attends-moi pas là! C'est pas sûr...

AURÉLIE
J'vas faire comme si ça marchait. Chus sûre que ça va marcher. Le pauvre... y est faite!

CHATTE
Oh, j'espère tellement! Bye! Bonne soirée!

Elle l'embrasse et sort très vite. Aurélie regarde par les carreaux. Le soleil est couché maintenant, la brunante règne. Elle allume une lampe près du fauteuil et sort dans le salon. Elle met un disque, revient dans le solarium. Elle prend une tablette rigide, y met du papier, s'assoit. Elle tourne son crayon en écoutant Vivaldi, puis, elle se met à écrire. On entend sur bande sonore, par-dessus la musique, sa voix disant la lettre.*

VOIX D'AURÉLIE
Ma chère exilée. Je crois que notre fille est maintenant amoureuse. Vraiment. Pas de ces petites amours qui nous égratignent le cœur sans vraiment y entrer. Non. J'ai l'impression que la Chatte a le cœur pris et bien pris. Elle rayonne. Je lui ai offert ma bague des grands dîners, tu sais, celle de Cynthia O'Sullivan-Boucher, ma belle-mère qui la tenait de sa mère américaine, de l'époque où les femmes se paraient et se pomponnaient pour «descendre» dîner. Ta fille est maintenant parée pour ses noces. Mais bien sûr, on ne se marie plus maintenant. Je sais que tu ne le regrettes pas. Moi non plus. Je suis terriblement énervée ce soir. Je l'ai sentie si exaltée, si fragile, si forte! Tu l'adorerais. J'espère que c'est un homme digne d'elle. En écrivant cela, je sais

* Préférablement du Vivaldi.

très bien que je ne crois pas qu'il y ait au monde un seul homme digne d'elle. C'est plus fort que moi. Et je suppose que la mère de cet homme se dit qu'il n'y aura jamais une femme digne de lui. Une belle gang d'exaltées, voilà ce que nous sommes!

L'éclairage et le son diminuent lentement.

Beaucoup plus tard dans la nuit, l'éclairage est toujours celui de la lampe. Aurélie revient du salon avec un plateau à thé. Elle le dépose, regarde l'heure, marche un peu en regardant dehors. Elle ne sait pas quoi faire d'elle. Elle prend une petite plante, sort un journal, l'installe par terre, renverse la plante, la sort du pot et la laisse là. Elle se verse un thé et le boit, debout, en marchant de long en large. On entend le bruit d'une porte. Très vite, Aurélie se précipite sur la plante. Elle la taponne nerveusement. Arrive la Chatte, souriante et épuisée.

CHATTE
À c't'heure-là? Franchement! J'tais sûre de t'réveiller.

AURÉLIE
J'dormais pas... j'm'occupais. Pis?

La Chatte s'écrase dans la causeuse, elle s'étire voluptueusement, laisse planer le doute, puis:

CHATTE
C'était fan-tas-ti-que! C'tait... oh, y a pas d'mot. Je l'sais pas si t'as déjà senti ça...

AURÉLIE
Sûrement pas.

CHATTE
Tellement fort que ça donne envie d'pleurer pis d'rire en même temps, tellement doux, pis violent, pis fou. Tellement toute en même temps.

AURÉLIE
Ça a marché?

CHATTE
C'pas ça... C'pas comme ça, c'est pus comme ça. *(Elle se lève, marche.)* Aurélie, Aurélie, c't'effrayant vouloir quelqu'un à c'point-là.

AURÉLIE
Raconte-moi toute à partir du début. Veux-tu du thé?

CHATTE
Oui... si y en reste... ah, je l'sais pas! Chus même pas sûre de m'souvenir de toute. On dirait que j'tais pas là, pis en même temps que j'ai jamais autant été là de toute ma vie. Pis chaque instant est là *(elle frappe sa poitrine)*, marqué comme si ça avait duré des siècles. Y est tellement... tellement incroyable...

AURÉLIE
Êtes-vous allés voir le film?

CHATTE
Oui, oui. Bon, attends, j'vas te l'raconter, j'en ai assez envie! Chus venue pour ça, j'pouvais pas rester tu-seule, j'avais l'impression qu'j'allais exploser.

AURÉLIE

À quelle heure y est parti?

CHATTE

Ben attends: j'vas commencer par le début. Quand chus sortie du métro, y était là. Tu sais, comme din vues presque: j'montais dans l'escalier roulant, j'avais l'cœur qui m'battait pis y était là, en haut, avec un grand sourire, pis des yeux... ah, sa façon d'me r'garder, j'ai failli tomber en arrivant, j'en oubliais d'me lever les pieds. Y a pas dit un mot. Moi non plus. On se r'gardait pis on souriait. On était tellement content. Pis tellement content que l'autre soye content! Y m'a pris par le bras, pis on est allé au cinéma. Comme ça! Par le bras, comme si on était tout l'temps allé au cinéma ensemble. Comme si c'tait une vieille habitude. J'te dis, j'avais l'impression de l'connaître depuis vingt ans!

Elle s'arrête, perdue dans ses souvenirs, souriante.

AURÉLIE

J'gage que l'film était bon.

CHATTE

Super! Y l'avait vu cinq fois. Moi, c'tait jusse la deuxième fois. Mais j'me souviens plusse de lui à côté d'moi qu'du film. Tu sais l'impression qu'ça fait quand tu sens toute l'électricité dans sa cuisse, pas loin d'la tienne, pis que toute ton attention est là, dans ta cuisse pas loin qui va finir par toucher la sienne... J'pensais mourir! J'te mens pas, un moment donné, y s'est penché pour me dire queque chose, j'ai failli hurler tellement y était proche. J'ai senti son aftershave pis sa bouche proche de mes cheveux... mourir, j'te dis, j'pensais mourir! Si y avait fallu qu'y m'touche, j'perdais connaissance. Je l'ai pas regardé une seule fois. J'ai fixé l'film tout l'long, pis j'voyais rien. Je l'sentais... c'est toute. J'sentais sa main sus sa cuisse, son bras sur l'accoudoir proche de mon coude. Un moment donné, j'me sus tassée plus loin d'lui, j'en pouvais pus. Quand Grace Kelly a embrassé James Stewart, j'te mens pas, les larmes me sont venues aux yeux, j'avais la bouche qui tremblait, un vrai désastre. J'tais pas capable de voir ça. J'avais l'ventre à l'envers.

AURÉLIE
Grace Kelly? Mais qué cé qu'vous êtes allés voir pour l'amour?

CHATTE
J'te l'ai pas dit? Un vieux Hitchcock, *Fenêtre sur cour*. Y l'présentent dans une version remontée. La première version. C't'un classique, c'pour ça qu'y l'avait vu cinq fois.

AURÉLIE
Ah bon... pis après?

CHATTE
Ben on est sorti. Moi, j'avais les jambes molles, j'en pouvais pus. On est allé prendre un café dans une p'tite place, j'pourrais pas t'dire où, mais j'pourrais t'dessiner tout c'qu'y avait sus a nappe tellement c'est précis dans ma tête. Pis y parlait! Y parlait! Une vraie machine. Y arrêtait pas. Hitchcock, pis Truffaut qui disait que, pis que, pis envoye don! Quand y s'est mis à m'expliquer la théorie de Truffaut que les crimes chez Hitchcock c'tait comme des actes sexuels, en tout cas, que un faisait comme l'autre, j'en pouvais pus. Je r'gardais ses mains sus a nappe,

pis j'arrêtais pas d'penser à quand y les mettrait sur mes seins. J'tais pas capable d'arrêter d'y penser. La sensation qu'ça ferait, comment y les prendrait, comment y fermerait ses mains d'sus. J'avais rien qu'envie d'ouvrir ma chemise pour qu'y l'fasse enfin. Un moment donné, y a arrêté ben sec. Y s'est tu d'un coup. Paf! Ça a faite un silence terrible. Pis y avait plein d'bruit dans l'café, mais nous autres, on aurait dit un gros tas d'silence. Y a dit: «Excuse-moi, j'sais pas c'qui m'a pris d'parler d'même. J'dois être insupportable. C'est nerveux. Tu m'rends nerveux.» J'en revenais pas! Ça l'énervait! Te rends-tu compte? Lui aussi. Comme moi!

AURÉLIE
Ben sûr... Pis?

CHATTE
Ben, j'ai parlé un peu... pour pas qu'y s'sente mal. Mais ça me l'disait pus. J'avais presque mal au cœur tellement j'avais envie de lui. J'pensais tout l'temps: qu'est-ce que j'vas faire si on s'laisse de même? Comment j'vas faire pour le r'voir? Mon café était froid. Y commençait à être tard. Y a parlé d'rentrer. Y m'a demandé dans quel coin j'restais. J'ai dit: «Toi?» Y a dit non, toi en premier. Pis on a niaisé d'même jusqu'à temps d'être sus l'trottoir. Là, y a dit qu'y pouvait p'tête me r'conduire. Pis j'y ai dit qu'ça serait p'tête dangereux pour sa vertu. Pis là, y m'a embrassée. J'pense que ça a duré mille ans. Au moins...

AURÉLIE
Pis là y est allé chez vous?

CHATTE
Pftt! La nuit! J'avais jamais faite l'amour de même dans ma vie. J'pense que j'savais pas

c'que c'était... Sa peau, là... sa peau... ses épaules, ses mains...

AURÉLIE
C'tait-tu comme tu pensais au restaurant?

CHATTE
Mille fois ça. Mille fois mieux. Un moment donné, y a pris ma tête dans ses mains, y me r'gardait tellement, j'tais sûre j'allais m'mette à pleurer. Y était là, avec moi, tellement proche de moi... Y a tellement d'gars qui font l'amour sans même te voir! Lui, c'tait comme si j'venais au monde dans sa peau. J'peux pas t'expliquer. C'est la première fois d'ma vie que j'fais l'amour comme ça, avec c't'intensité-là. J'sais pas comment j'pourrais le r'faire autrement après ça.

AURÉLIE
Mais pourquoi t'es t'ici? Pourquoi y est pas resté avec toi?

CHATTE
Ben, c'est ça, là... Imagine-toi donc qu'y est en train d'se séparer. Pis sa femme le prend très mal. Y a un enfant, un p'tit gars de quatre ans. C'est compliqué. Ça a l'air qu'a y fait un gros chantage émotif. En tout cas, c'est une passe ben dure pour elle, pis lui y veut pas exagérer, y faire du mal pour rien. Fa qu'à trois heures, y est parti pour rentrer à maison. C'est fini, y sont pus ensemble, mais y a pas encore déménagé. Y est dans la transition comme y dit. Pis y veut pas la brusquer. Ça l'air qu'a dort pas tant qu'y est pas rentré.

AURÉLIE
Ouain...

CHATTE
Qu'est-ce que tu veux Aurélie, c'est sûr qu'à

c't'âge-là, les hommes sont mariés ou ben y l'ont été.

AURÉLIE
C'est quoi, c't'âge-là?

CHATTE
Trente-quatre ans.

AURÉLIE
Ah oui? *(Un temps.)* Ça t'fait pas peur?

CHATTE
(Répond un peu vite.) De quoi? Si j'avais su avant, j's'rais toujours allée avec des hommes plus vieux. C'est la plus belle nuit d'ma vie. Même si ça d'vait arriver rien qu'une fois, au moins j'l'ai eue. *(Elle tourne sa bague autour de son doigt. Un temps.)* Aurélie?

AURÉLIE
Oui?

CHATTE
Aie pas peur pour moi... y m'aime, je l'sais. Un homme fait pas l'amour comme ça sans aimer. Ça s'peut pas. Pis ça s'triche pas tu sais.

AURÉLIE
Moi aussi j'pense qu'y t'aime.

CHATTE
Ben d'abord, de quoi tu t'inquiètes? De sa femme?

AURÉLIE
Tu vas m'trouver folle, han, mais j'trouve ça plus inquiétant quand les hommes nous aiment.

CHATTE
Pourquoi?

AURÉLIE
Parce que, souvent, c'est c'qui leur fait l'plus peur.

CHATTE
Pas lui. Y a pas eu peur. Y l'a pris.

AURÉLIE
(Sourit.) Chus une pessimiste, moi. C'pour ça. J'dois être jalouse.

CHATTE
Ça t'est jamais arrivé?

AURÉLIE
Jamais! J'peux te l'jurer. Ni l'sentiment, ni la nuit d'amour.

CHATTE
C'pas vrai?

AURÉLIE
Pis chus ben contente que ça t'arrive, que tu puisses avoir des nuits d'même, que toi tu connaisses ça.

CHATTE
Chus sûre que t'as eu des tchums sans qu'je l'sache.

AURÉLIE
Moi? Une vraie sœur. Chus ben qu'trop pognée pour faire ça.

CHATTE
Pis avec ton mari? C'était pas l'fun?

AURÉLIE
So, so. Envoye, viens t'coucher, on parlera de t'ça une aut' fois.

CHATTE
Aye wo! Moi, j'te conte toutes mes secrets pis toi tu dis rien, c'pas juste.

AURÉLIE

Ça sera pas long: avec mon mari, le temps qu'ça a duré, c'tait pas les chars: c'tait ou ben pas dans l'bon temps, ou ben trop vite. La p'tite moyenne plate, là. L'plaisir attrapé par hasard, parce qu'y a jamais pu savoir c'qui s'passait pour moi. Pis c'tait pas rien qu'de sa faute! J'tais pas délurée, pis j'avais pas ta santé.

CHATTE

Pis les autres?

AURÉLIE

Les deux autres fois, tu veux dire?

CHATTE

C'pas vrai! Jusse deux?

AURÉLIE

Deux d'trop si tu veux mon idée.

CHATTE

Wo?

AURÉLIE

À aller s'tirer en bas du pont! J'ai décidé d'survivre pis d'arrêter de m'prouver que j'tais une femme normale. Chus pas normale, pis ça finit là. Pis comme tu vois, y sont pas cent cinquante à faire la file à porte.

CHATTE

T'es folle! Chus sûre qu'y en a plein qui auraient voulu.

AURÉLIE

Y ont pas crié fort. Mais moi non plus. C'est kif-kif.

CHATTE

(Après un temps.) Penses-tu qu'y va m'appeler?

AURÉLIE
Ah c'est vrai: tu peux pas l'appeler, toi.

CHATTE
C'est mieux pas j'pense.

AURÉLIE
Y va t'appeler, tu sais ben.

La lumière change peu à peu, le jour est près de se lever.

CHATTE
J'me d'mande si y dort...

AURÉLIE
Ben...

CHATTE
Dis-le pas! J'te vois venir avec l'homme qui a eu son besoin. Pas lui! Chus sûre qu'y est toute viré à l'envers, pis qu'y est pas capable de dormir.

AURÉLIE
C'est c'que j'allais dire...

CHATTE
Menteuse! Tu l'trustes pas plusse qu'les autres.

AURÉLIE
C'pas vrai: je l'truste peut-être un peu plusse. Viens t'coucher ma Chatte, le jour se lève.

Aurélie remet la plante dans son pot. Éteint.

AURÉLIE
Ça va attendre à demain, j'pense.

Elles sortent. Le jour se lève pour de bon.

On entend Vivaldi, le même morceau que lorsque Aurélie écrivait sa lettre.

NUIT 2

Nous sommes en hiver. En décembre. Les glaïeuls sont évidemment hors scène. Quelques plantes ont changé de place. Un poinsettia en fleurs, rouges, énorme, trône au milieu des autres plantes vertes. On doit sentir le froid, la neige, le givre sur les carreaux du solarium. On peut même sentir, dans l'éclairage, un arbre de Noël extérieur, pas loin, qui éclaire un peu «coloré».

Aurélie est assise dans son fauteuil, seule, un gros chandail sur le dos, les lunettes de presbyte sur le nez. Elle corrige de petits cahiers d'écoliers. On entend du Vivaldi. Il est assez tard, le soir. Aurélie referme un cahier, le met sur la pile corrigée, en prend un autre, hésite. Elle sort. On entend la porte d'entrée s'ouvrir et Aurélie crier:

VOIX D'AURÉLIE
Tit-Gus! Le Gros! Tit-Gus... y fait froid, là, rentrez donc!

On entend la porte se fermer fort. Aurélie revient, gelée.

AURÉLIE
Ah pis faites donc à vos grosses têtes de chats mal élevés!

Elle se rassoit, reprend un cahier, ses lunettes, décapuchonne le crayon rouge, soupire. Un petit coup à la porte qu'on entend s'ouvrir. La Chatte arrive tout de suite après dans le solarium, manteau sur le dos, les bras chargés: cadeaux, bouteille, boîtes, sacs, fleurs...

CHATTE
Salut! Bonne fête Mamélie!

Aurélie se lève, émue, ravie.

AURÉLIE
Ma Chatte! T'es venue!

CHATTE
Qu'est-ce que tu penses don? Que j'allais oublier not' cérémonie? J't'ai pas appelée mais j'ai apporté des munitions: on devrait être bonnes pour tenir toute la nuit.

AURÉLIE
T'es folle! Chus tellement contente de t'voir. Ôte ton manteau, j'ai peur que tu r'partes.

CHATTE
(Ôte son manteau.) Fait pas chaud ici! T'es sûre tu veux pas qu'on aille dans l'salon?

AURÉLIE
Aye la tradition, qué cé qu't'en fais?

CHATTE
Excuse-moi, c'est vrai! *(Elle regarde le poinsettia.)* En tout cas, y en a un qui manque pas sa tradition!

AURÉLIE
Ben oui, han! Chus sûre qu'y l'achète en même

temps qu'son arbre de Noël. Ça doit faire partie d'son magasinage des Fêtes. Pauv' Gaétan!

CHATTE
J'rêve-tu ou ben y grossit d'année en année?

AURÉLIE
Y grossit! Pis y arrive toujours la veille de ma fête.

CHATTE
Cré Gaétan! Y doit avoir tellement peur de rater la date qu'y l'envoye une journée d'avance.

AURÉLIE
J'aurais jamais osé l'dire!

CHATTE
(Tend la bouteille enveloppée.) Mais t'as osé l'penser: c'pour ça ma p'tite fille que t'as pardu ton mari.

AURÉLIE
Non, l'poinsettia c'tait après l'divorce.

CHATTE
Envoye, laisse-moi serrer mon manteau pour une fois pis débouche-nous ça qu'on s'réchauffe.

Aurélie déballe la bouteille de champagne (Veuve Clicquot). La musique est arrêtée de l'autre côté. La Chatte revient avec deux magnifiques flûtes.

CHATTE
J'ai des provisions en masse: saumon fumé, petites gougounes fancy...

AURÉLIE
D'la Veuve! Franchement ma Chatte, au prix qu'c'est aujourd'hui!

CHATTE
On s'en payait y a six ans, on s'privera pas parce qu'on prend d'l'âge certain! Envoye! *(Elle regarde l'heure.)* Onze heures et demie... on commence-tu tu-suite?

AURÉLIE
(Défait le fil de fer.) Si j'veux être étourdie pour quand ma fête arrive...

Elle ouvre la bouteille, verse dans les flûtes.

AURÉLIE
Ma Chatte... *(Lui tend son verre, elle prend le sien.)* J'pensais jamais qu'tu pourrais venir ce soir.

CHATTE
Chut! Attends! *(Elle retire la «dinner ring» et la lui tend.)* J'ta passe pour ton «birthday dinner», jusse pour passer l'cap de tes 46 ans.

AURÉLIE
À c't'âge-là, on devrait pus fêter.

Elle met tout de même la bague.

CHATTE
Bois! À ta santé, à tes amours, à ta vie, Aurélie.

AURÉLIE
À toi, ma Chatte.

Elles boivent.

AURÉLIE
Chus même pas chic! Tu vois, j't'attendais pas: j'ai même pas mis mes perles sur fond noir.

CHATTE
(Ouvre ses provisions sur la table basse.) Tu savais pas ça qu't'avais d'affaire à une ingrate? Depuis qu'chus en amour, j't'ai vue à peine cinq fois. Une vraie sauvage. Chus pas fière de moi, t'sais.

AURÉLIE
Voyons don! Comment ça va les amours?

CHATTE
Non, Mamélie: c'est *ta* fête dans cinq minutes, on parlera pas d'mes amours certain! On va faire not' rituel, on va veiller jusqu'au fond d'la bouteille, jusqu'au fond d'la nuit. Oups! Le seau à glace! Attends, je r'viens.

Elle sort. Aurélie arrange son chandail, ses cheveux, regarde la bague.

CHATTE
(De loin.) As-tu eu des nouvelles de ma mère?

AURÉLIE
La carte de fête habituelle.

La Chatte revient. Aurélie prend la carte dans la pile des cahiers d'écoliers, la lui tend.

AURÉLIE
On dirait qu'avec elle, les phrases diminuent avec les années. A m'en dit de moins en moins long.

CHATTE
(Elle lit très vite.) Est drôle... toujours enfermée avec ses sculptures... A devrait r'venir, jusse une fois.

AURÉLIE
J'pense pas qu'a r'vienne. J'me souviens que l'jour de mes trente-trois ans, ce qui fait... heu... treize ans exactement, ouain, c'jour-là, j'ai su qu'ta mère r'viendrait pas.

CHATTE
Pourquoi?

AURÉLIE
Parce qu'au lieu d'm'appeler pour me dire bonne fête, a m'a écrit! J'me sus pas trompée, je r'çois une carte par année, pis toi... ben, ça doit être encore une ou deux lettres.

CHATTE
Moi non plus j'y écris pas beaucoup.

AURÉLIE
Ben non. C'est sûr, tu l'as jamais vue! Difficile d'écrire à une mère qu'on connaît pas.

CHATTE
C'est toi, ma mère.

AURÉLIE
Pas ta vraie, ma Chatte.

CHATTE
Ça dépend c'est quoi une vraie mère. Si c'est jusse le ventre, c'est rien, pis t'es pas la mienne. T'es ben plusse. *(Un temps.)* Y est-tu l'heure du cadeau?

AURÉLIE
Y est minuit: encore cinq minutes.

La Chatte remet la carte sur la pile de cahiers.

CHATTE
Tu corrigeais? Les p'tits cahiers! Qu'c'est bébé! *(Elle en ouvre un.)* Ouain... pas fort cel-là! Sa page est toute crottée! Aurélie! T'es ben qu'trop fine: tu y as dit qu'y faisait des progrès, pis y a onze fautes!

AURÉLIE
(Elle rit.) C'est qui?

CHATTE
Julien Laforest.

AURÉLIE
Mais y en fait! J'te jure qu'y en fait. Avant, y était même pas capable d'écrire les mots séparés. Y écrivait toute sa ligne d'un bout, pas d'séparation, rien. Y savait pas quand l'mot arrête pis r'commence. C'est un d'mes meilleurs!

CHATTE
T'en as combien c't'année?

AURÉLIE
Quinze.

CHATTE
Quinze tits-enfants fuckés... Mais viens pas m'dire que Julien Laforest est obligé d'manger ses patates pilées dans son cahier!

AURÉLIE
Non. Mais y fait ses devoirs en donnant à manger à son p'tit frère de trois ans. Y a un problème de l'œsophage, une sorte de maladie. Sais-tu combien d'temps ça y prend pour manger une purée? Une heure et demie! J'peux endurer qu'y aye d'la purée dans l'cahier d'Julien.

CHATTE
Encore un qui a pas d'mère?

AURÉLIE
A travaille de quatre à minuit, a fait des ménages din bureaux. Lui va chercher son frère pis y s'en occupe jusqu'à c'qu'y s'couche. C'est pour ça qu'y a eu des problèmes d'apprentissage pis qu'y s'est r'trouvé dans ma classe. Parce que sans ça, y est très intelligent. Y est à veille de r'tourner au niveau normal. Y est brillant, j'te jure.

CHATTE
Comment tu fais, Mamélie? Comment tu fais pour travailler dans misère de même toué jours?

AURÉLIE
C'pas a misère. Pas Julien en tout cas. Chez eux, p'tête ben. Mais pas dans ma classe. Dans ma classe, y sont d'bonne humeur, fins pis tellement contents quand y réussissent leur coup. Si t'é voyais! Tu dirais pas qu'y sont dans misère.

CHATTE
P'tête ben... mais c'est toutes des enfants perturbés, des enfants qui avancent pas comme tout l'monde... me semble que ça doit être ben dur.

AURÉLIE
C'est surtout des enfants. C'est ça qui m'intéresse. C'est des enfants qui veulent apprendre pis qui trouvent ça plus dur qu'les autres pour une raison ou pour une autre.

CHATTE
Parce que leurs parents étaient pas correques? Parce qu'y s'sont pas laissés pis qu'y s'sont chicanés tout l'temps d'leur enfance ou ben parce qu'y s'sont séparés pis qu'l'enfant s'en est jamais remis? *(Un temps, elle est très émue.)* C'est quoi l'pire Aurélie? Que des parents restent

ensemble même si y s'aiment pus ou ben qu'y s'laissent pis qu'l'enfant fasse l'aller-retour entre les deux?

AURÉLIE
(Très doucement.) Tu demandes ça en général?...

CHATTE
Bof... en général très particulier.

AURÉLIE
Y est là l'problème? La «transition» s'étire?

CHATTE
(Au bord des larmes.) Mets-en!

AURÉLIE
Pis c'est la faute du p'tit? *Pour* le p'tit? Pour le ménager, le protéger, pour pas qu'y souffre des mauvais coups d'son père?

CHATTE
Dans l'genre...

AURÉLIE
Ben oui, c'est souvent ça, han...

CHATTE
Dis c'que tu penses, Aurélie.

AURÉLIE
Non, ma Chatte. Tu l'sais c'que j'pense. J'm'occupe des «émotifs» comme y disent depuis assez longtemps pour que tu saches c'que j'pense. Pis tu sais très bien c'que toi, tu penses de t'ça.

CHATTE
Non, je l'sais pas. Je l'sais pus... Des fois, tu sais, Pierre-Louis réussit à m'convaincre. En tout cas... à m'faire avaler sa façon d'vivre, à défendre son boutte. Mais même si on n'est pas d'accord, on est ben obligé de l'prendre, non? J'peux pas

l'élever pour lui, son fils! Quand même que j'y dirais que, de toute façon, y va finir dans ta classe.

AURÉLIE
C'est ça qui va arriver tu penses?

CHATTE
Avec la mère folle qu'y a. A m'a appelée. Trois fois cette semaine. Vers une heure du matin, l'téléphone sonne, pis y a une hystérique qui hurle que t'es t'une vicieuse, une perverse, une folle, une putain, une voleuse... Pas pire comme réveil.

AURÉLIE
L'as-tu dit à Pierre-Louis?

CHATTE
La dernière fois, c'est lui qui a répondu...

Un temps.

AURÉLIE
Pis?

CHATTE
Pas beau ça non plus. *(Un temps. Elle essaie de prendre sur elle, sur sa peine.)* C'pas ta fête, toi? Tu veux pas ton cadeau?

AURÉLIE
T'as pris l'temps d'm'acheter un cadeau!

CHATTE
Qu'est-ce que tu penses! Des femmes comme toi, faut les gâter.

AURÉLIE
Surtout en vieillissant.

CHATTE
Lâche-moi la vieillesse: t'as pas cinquante ans.

AURÉLIE
Pas loin. J'pogne la pente descendante, là: la ménopause, la fin des p'tites cellules. J'lis là-d'sus de c'temps-là: extrêmement intéressant, un vrai cauchemar. Digne des films les plus horrifiants.

CHATTE
Tais-toi, on va finir la nuit en braillant. Tiens, ouvre ça, Aurélie. La carte est plus grosse que l'paquet, mais j'en avais long à t'dire.

Aurélie ouvre la carte, la lit. Puis, elle prend la Chatte par le cou.

AURÉLIE
Merci ma Chatte. Moi aussi, tu sais.

CHATTE
Pis l'cadeau?

Aurélie ouvre la boîte: elle contient des boucles d'oreilles très fines, très belles. Des perles.

CHATTE
C'pas une «dinner ring» c'est des «dinner earings». J'me sus dit que j'pouvais pas t'laisser sans bijou pour tes grandes sorties.

Aurélie les met et retire la bague qu'elle rend à la Chatte.

AURÉLIE
Magnifique! On est équipées toutes les deux.

CHATTE
Y ont pas la même valeur que la bague de madame Boucher, mais...

AURÉLIE
Cynthia O'Sullivan-Boucher! De mère américaine. De Baltimore, s'il vous plaît! J'pense qu'a l'aimait pas trop son nom d'mariage: a toujours eu d'la misère à l'dire. J'pense qu'a l'avait gardé son accent jusse pour son nom. Ça faisait très chic et très snob. As-tu un miroir?

CHATTE
(Cherche dans son sac.) Ça doit, dans mon fouillis. *(Elle le lui tend.)* Y t'font très bien.

AURÉLIE
Tu t'trompes jamais avec tes cadeaux.

CHATTE
J'te connais un peu, han?

AURÉLIE
Un peu... Te souviens-tu du premier cadeau qu'tu m'as donné? J'pense que t'avais cinq ans.

CHATTE
Le premier... non.

AURÉLIE
Le premier enveloppé. C'tait ben important pour toi, ça. C'tait un bijou aussi.

CHATTE
Oh.. la bague de Cracker-Jack!

AURÉLIE
Ben oui: la grosse bague de Cracker-Jack.

CHATTE
Quand j'pense que tu t'es promenée avec pendant un mois. C't'effrayant, faire ça à quequ'un.

AURÉLIE
C'tait ben important pour toi.

CHATTE
Penses-tu? J'm'en serais même pas aperçue.

AURÉLIE
Jamais d'la vie! Tu t'souviens pas de quand tu me l'avais donnée? C'tait jusse à l'anniversaire qui a suivi l'départ de Gaétan. Gaétan est parti en février, Cynthia est venue m'donner la «dinner ring» le lendemain ou le surlendemain j'pense, pis à ma fête, tu m'donnais ma bague de Cracker-Jack. Tu m'as dit que si Gaétan voulait pas, toi tu voulais m'marier.

CHATTE
J'ai pas dit ça?

AURÉLIE
Certain! J't'ai jamais conté ça? Gaétan pis moi, on voulait pas qu'tu souffres, on voulait t'ménager, on avait toute organisé pour que tu l'voies encore de temps en temps, pour que tu t'sentes pas abandonnée. C'tait pas fréquent dans l'temps les divorces. Ça a été toute une histoire.

CHATTE
Pourquoi y est parti?

AURÉLIE
Y était pas heureux...

CHATTE
C'tait pas à cause de moi? Es-tu sûre qu'y aurait pas aimé mieux élever ses enfants à lui?

AURÉLIE
Ben sûr qu'y aurait aimé mieux! Mais j'en ai pas

eu. Pis ça, c'pas d'ta faute. Ç'a ben l'air qu'aujourd'hui on pourrait organiser ça, mais en 60, c'qui était bouché, ça s'débouchait pas.

CHATTE
Toi aussi, t'en voulais?

AURÉLIE
Ben... deux ou trois enfants, j'aurais pas haï ça. J'dis ça, mais j'en ai eu pas mal avec l'école.

CHATTE
C'pas pareil: c'est les enfants pis les problèmes des autres.

AURÉLIE
En tout cas, j't'ai eue. Pas vraiment, mais j't'aie eue pareil. J'me souviens que j'écrivais à ta mère que j'étais ta mère auxiliaire.

CHATTE
Une maudite bonne à part ça.

AURÉLIE
Pas tant qu'ça: j'ai même pas été capable de garder mon mari pour te faire un père auxiliaire.

CHATTE
Mais y a jamais arrêté d's'occuper d'moi, de venir me voir, de m'sortir. Ça fait pas longtemps qu'on s'voit pus Gaétan pis moi.

AURÉLIE
Y t'aime tellement. Y aurait ben voulu t'emmener avec lui quand y est parti.

CHATTE
J'aurais jamais voulu.

AURÉLIE
Non, tu voulais m'marier. Eh qu't'étais fine avec ta bague de Cracker-Jack!

CHATTE
T'as-tu eu beaucoup d'peine quand y est parti?

AURÉLIE
Sincèrement, là, non. Parce qu'y est parti quand c'tait vraiment fini, quand on a eu tout essayé. Ça marchait pus. J'm'étais mariée ben jeune. Pour partir de chez nous, j'pense. Pis tu sais, j'savais pas pantoute dans quoi j'm'embarquais. Disons qu'c'est mal parti pis qu'ça s'est pas arrangé en continuant.

CHATTE
(En servant du champagne.) Là, tu parles du sexe!

AURÉLIE
Pis chus même pas encore saoule!

CHATTE
Veux-tu ben m'dire la différence qu'y a entre ces années-là pis asteure? Pourquoi moi j'ai du fun en faisant l'amour pis qu'toi t'en avais pas? Ou en tout cas, pas tellement?

AURÉLIE
Ouain... disons pas tellement. J'ai mon orgueil! Je l'sais pas... On faisait l'amour comme des coupables, j'pense. Quand queque chose m'excitait, j'essayais qu'ça se r'produise pus parce que j'me sentais vicieuse. Vois-tu l'genre?

CHATTE
Ben oui mais t'étais mariée! Tu vivais pas dans l'péché.

AURÉLIE
Non, mais l'péché était proche en maudit. On couchait pas avec le chapelet en-dessous d'l'oreiller, mais c'tait l'ombre du chapelet qui planait au-d'sus du lit.

CHATTE
Mais quesse ça aurait faite même si t'avais faite un péché? T'aurais été à confesse pis c'est toute, non?

AURÉLIE
J'sais pas... J'pense que c'est plusse l'estime de moi, de quoi j'avais l'air vis-à-vis d'moi-même plusse que vis-à-vis de Dieu qui m'fatiquait. Ouain, c'est l'idée que j'me faisais d'une femme normale, d'une femme correcte. Ça devait être le genre d'excès que j'trouvais indécent pour ma sorte de nature. Ou l'genre d'abandon que j'trouvais trop dangereux, trop menaçant.

CHATTE
Mais t'en avais-tu envie?

AURÉLIE
Des excès? Certain! J'aurais jamais osé. J'tais sûre que j'pourrais pas m'arrêter. J'pense que c'que j'ai faite de plus vicieux dans ma vie, c'est m'faire enlever ma chemise dans l'jardin en arrière, ou ben faire l'amour sus l'tapis du salon.

CHATTE
Ouain... pas mal extravagante.

AURÉLIE
J'te dis: une vraie demeurée. Avec Gaétan qui était pas yable déluré... On faisait une belle paire toué deux! On n'osait pas ni un ni l'autre. Pis c'pas l'époque qui demandait ça. Fa que c'est resté plate, pis y s'est trouvé des amusements ailleurs.

CHATTE
Tu y as-tu demandé d'partir?

AURÉLIE
Non... ça s'est décidé l'jour où sa maîtresse est tombée enceinte. Pas très original.

CHATTE
Mais y a pas eu d'enfant!

AURÉLIE
Ben non. Pas très original ça non plus, han?

CHATTE
Aurélie...

AURÉLIE
Oui?

CHATTE
Rien.

AURÉLIE
Tu sais ben qu'tu peux me l'demander.

CHATTE
N'importe quoi, han?

AURÉLIE
N'importe quoi, n'importe quand, vérité assurée. J'ai jamais regretté c'contrat-là.

CHATTE
Moi non plus... ouain, c't'à cause de mon histoire, là... C'est niaiseux, mais si y fallait qu'tu m'aimes moins parce que j'fais ça à une aut' femme, parce que chus celle qui est la... j'sais pas, là, l'autre! Si jamais tu m'en voulais de t'ça, j'serais ben, ben malheureuse, pis j'pense que j'aimerais mieux toute arrêter ou ben j'sais pas... Tu m'en veux-tu d'aller briser un ménage où y va y avoir un enfant qui va souffrir en plusse? Tu me l'dirais-tu si tu m'en voulais même rien qu'un peu?

AURÉLIE
(Elle s'approche, la prend dans ses bras.) Ma Chatte! Jamais j'pourrais t'en vouloir voyons! Jamais j'pourrais t'juger comme ça. Qu'est-ce

que tu penses, donc? Comment tu peux avoir peur de ça?

CHATTE
Ah je l'sais pas, chus tellement mêlée! Si tu savais comme elle, a m'haït au téléphone. Si tu savais c'qu'a dit pis comment a l'dit. C't'effrayant de s'faire haïr de même. Personne m'avait jamais détestée avant. Personne m'avait jamais haïe. J'trouve ça assez dur. Fa que des fois j'imagine comment t'as dû haïr l'autre femme, pis j'ai peur que tu m'aimes moins à cause de t'ça.

AURÉLIE
Mais ma Chatte, on n'est pus en 1965, là. On est en 83, presque 84. À part de ça, j'ai pas vraiment haï la femme. Gaétan, par exemple... lui y a goûté!

CHATTE
C'est lui qu't'haïssais?

AURÉLIE
Ben certain! Lui, pis sa race. Si tu voyais les lettres que j'ai écrites à ta mère à c't'époque-là, t'aurais peur. Fais-toi-z-en pas, sa femme l'haït plusse lui que toi.

CHATTE
Sauf qu'a veut pas y dire.

AURÉLIE
C'est ça! A peut t'en mette épais sus l'dos, a t'connaît pas. Mais ça devait pas être le paradis avant qu't'arrives dans l'décor, han?

CHATTE
J'sais pas. J'sais pus.

AURÉLIE
Tu l'as pas obligé, han? Tu y as pas tordu un bras? C't'un grand garçon, y est majeur... Y

était pas en train d'se séparer quand tu l'as rencontré?

CHATTE
Je l'sais ben... Mais si y était pas tombé en amour, y serait p'tête resté, c'est ça qu'a s'dit.

AURÉLIE
Quand y a d'la place pour tomber en amour... c'parce qu'y avait une craque queque part.

CHATTE
Penses-tu?

AURÉLIE
Ben voyons! Quand est-ce que la «transition» finit, là?

CHATTE
Après Noël pis les Fêtes. Y a promis d'passer les Fêtes avec elle pis son fils. Mais on saute l'année ensemble. On va pogner 84 ensemble.

AURÉLIE
Après y s'installe avec toi?

CHATTE
Non madame, pas au début. J'veux pas. J'veux qu'y reste un peu tu-seul comme un grand. Après, on verra.

AURÉLIE
J'savais pas qu't'étais si sage...

CHATTE
C'pas d'la sagesse, j'veux rien savoir des téléphones obscènes qu'y va r'cevoir au début.

Elles rient. La Chatte frissonne.

AURÉLIE
T'es fatiguée? Veux-tu t'coucher?

CHATTE
Es-tu folle? Tu viens de venir au monde! On va passer la nuit debout à placoter. J'ai pas fini, moi. J'en ai long à conter. Mais j'ai froid par exemple.

AURÉLIE
C'est l'solarium, c'pas isolé presque.

CHATTE
Attends-moi, on va s'installer confortable... Aye, tes fleurs! Tiens, occupe-toi de ça, j'vas revenir.

Elle sort et revient avec une fourrure (un long manteau) et un vase plein d'eau qu'elle pose sur la table. Aurélie a ouvert le paquet qui contient une énorme botte d'iris.

AURÉLIE
Des iris! T'es folle!

CHATTE
Des fleurs fragiles pour une femme forte. Des fleurs qui s'fanent rien qu'à les r'garder. Moi, je trouve que c'est l'boutte du luxe.

Aurélie met les fleurs dans le vase. La Chatte organise le manteau.

AURÉLIE
Vraiment! Avec une branche de mimosa en plein mois d'décembre...

CHATTE
Le luxe, j'te dis! Viens, on va s'assire dans carriole ma p'tite fille pis on va avoir chaud. *(Elles s'installent.)* Tu vois, si les chats pouvaient rentrer ici, y nous réchaufferaient, on n'aurait pas besoin d'sortir ta fourrure.

AURÉLIE
Ça va faire: y mangent toutes les plantes.

CHATTE
En tout cas, y auraient eu un bon lunch dans l'poinsettia.

AURÉLIE
Ça m'en fait toute une collection. En ligne, là, dans salle à manger... Ben tu sauras que Tit-Gus a jamais mis la patte dessus.

CHATTE
Y est snob! J'l'ai toujours dit: y lève le nez sus toute. Pis l'Gros-tas, lui?

AURÉLIE
Ça l'intéresse pas. Lui, y court la galipote de c'temps-là. J'sais pas c'qu'y a.

CHATTE
C'est dans l'air...

Elles sont toutes les deux tassées dans la causeuse, calées dans la fourrure qui les abrille. Un temps.

CHATTE
Est-ce que c'est indécent de dire que chus heureuse? Que même de même, Pierre-Louis me rend heureuse comme je l'ai jamais été?

AURÉLIE
J'vois rien d'indécent dans l'bonheur... T'es vraiment en amour, han?

CHATTE
J'pense ben... Toi, ça t'surprend pas, tu sais toute ça depuis l'mois d'août!

AURÉLIE
Je l'savais *avant* qu't'ailles au cinéma. J'l'ai même écrit à ta mère.

CHATTE
Pas vrai? T'es t'épouvantable. Penses-tu qu'Pierre-Louis, un jour, y va m'connaître comme toi?

AURÉLIE
Non, y va t'connaître comme lui. Tu dois pas être exactement la même avec lui, han?

CHATTE
Y a des p'tites différences. Y est fantastique: on parle des heures de temps. C'est l'premier à qui j'ai envie d'toute dire. J'y ai conté mon enfance, notre histoire... toute!

AURÉLIE
Pis?

CHATTE
Y voudrait ben t'connaître! Mais moi j'veux pas, j'veux t'garder pour moi toute seule. Tu voudrais-tu l'voir, toi?

Aurélie fait non doucement.

CHATTE
As-tu peur de pas l'aimer? D'être déçue?

AURÉLIE
Pas du tout! Je l'connais: j'ai rien qu'à t'écouter.

CHATTE
Mais c'pas pareil!

AURÉLIE
C'est ben mieux.

CHATTE
Tu m'fais peur quand tu dis ça. Tout à coup j'ai été injuste, que j'en parle pas bien, que j'dis pas tout c'qu'y a d'fin? J'peux pas toute te conter, tu rougirais.

AURÉLIE
Si y a quelque chose que j'sais, c'est qu'y fait bien l'amour pis qu't'as jamais été aussi heureuse dans un lit.

CHATTE
On peut passer des heures à s'caresser. As-tu déjà vu ça, toi? On s'tanne pas. C'est toujours neuf... Pis sa manière de m'toucher... rien qu'à y penser, j'viens mal! Si tu voyais mes travaux d'session! Une catastrophe.

AURÉLIE
Ça prend d'la place, han?

CHATTE
Ça prend toute! Quand y est là, j'pense à rien d'autre, pis quand y est pas là, j'pense à quand y va y être! Ça t'organise un horaire...

AURÉLIE
Paye un peu... faut ben qu'ça coûte de quoi toute ça.

CHATTE
Ça t'est jamais arrivé? T'es sûre?

AURÉLIE
Oh oui... chus sûre. J'm'en souviendrais qué cé qu't'en penses?

CHATTE
Des fois, j'peux même pas m'imaginer qu'y peut partir, me laisser. J'pense que j'en mourrais. Quand quequ'un nous ouvre ça, c'monde-là, y a presque pas l'droit d'vous l'enlever après.

AURÉLIE
Je l'sais pas ma Chatte... Au moins t'es t'allée d'dans c'monde-là, comme tu dis. C'est déjà ça. Tout l'monde est pas invité.

CHATTE
Aurélie, j'voudrais qu'tu m'jures qu'y m'laissera pas. Pas avant longtemps.

AURÉLIE
T'as peur?

CHATTE
Non... oui. C'est elle... sa femme, son fils, son sens des responsabilités, c'est toute ça... Des fois, j'ai peur de l'forcer, pis d'aut' fois, j'me dis qu'on vit rien qu'une fois. Pis je l'sais qu'c'est avec moi qu'y est heureux. Je l'sais. Me crois-tu qu'c'est avec moi? Avec elle, c'est jusse l'habitude, le confort, le devoir. Avec elle, c'pas la vie. En tu cas, pas la vraie vie.

AURÉLIE
Mais comme c'est sa vie, c'est lui qui choisit, c'est ça?

CHATTE
Mais y m'a choisie! Y m'a choisie, j'te jure. Après les Fêtes, y part. A l'sait. C'est pour ça qu'a s'est mis sus l'téléphone. A l'sait. Pis a m'traite de vicieuse parce qu'a sait ben qu'c'est avec moi qu'y est bien.

AURÉLIE
T'as pas besoin d'avoir peur, d'abord. Attends...

CHATTE
Attendre! J'passe ma vie à l'attendre. J'l'attends au restaurant, au cinéma, au concert, au théâtre, chez nous. J'l'attends parce qu'a l'laisse pus partir, qu'a le r'tient. J'l'attends parce qu'y peut pus partir, parce qu'y s'sent coupable quand son fils pleure. C'est jusse là-d'sus qu'on s'chicane: pourquoi y m'donne rendez-vous si y sait qu'y pourra pas venir? Y a jusse à m'dire qu'y peut pas, j'vas comprendre.

AURÉLIE
Peut-être que lui, y a besoin d'penser qu'y va venir?

CHATTE
J'te dis qu'des fois... par chance que quand y est là, j'oublie toute. Ah... Mamélie, c'est la première fois d'ma vie qu'j'ai hâte qu'les Fêtes soyent finies.

AURÉLIE
On va s'faire un beau réveillon, tu vas voir.

CHATTE
Avec du spécial?

AURÉLIE
(Elle rit.) C'est ça: avec du spécial. Tu m'avais tellement fait rire quand tu m'avais sorti ça. C'tait l'premier réveillon sans Gaétan. Tu l'avais pas oubliée ma phrase...

CHATTE
J'savais même pas c'que ça voulait dire. J'attendais d'voir c'tait quoi ou ben qui... du spécial. J'ai dû m'imaginer une sorte de père Noël.

AURÉLIE
La face que t'avais, l'jour de Noël, une fois toutes tes cadeaux ouverts quand tu m'as demandé: «Oùsqu'y est, du spécial?»

CHATTE
(Remplit les verres.) J'tais p'tite...

AURÉLIE
Cinq ans. Tu r'semblais à ta mère... tu m'faisais penser à elle au même âge. Quand j'y faisais un Noël. Un Noël pour elle pis moi.

CHATTE
Jusse vous deux?

AURÉLIE
Me semble oui. On devait pourtant aller chez tante Lilas avec papa... j'sais pas comment ça s'fait, mais j'me souviens d'nous deux toutes seules à Noël.

CHATTE
Comme toi pis moi.

AURÉLIE
Pareil. Quand j'ai commencé à être toute seule avec toi, c'tait comme si je r'trouvais ma sœur. Ma sœur dans mon enfance. Quand not' mère était morte pis que j'm'occupais d'elle.

CHATTE
Tu t'ennuies d'elle encore, han?

AURÉLIE
Oui. J'y écris en masse, mais c'pas pareil, c'pas elle.

CHATTE
Pourquoi tu vas pas la voir? C'pas si loin l'Italie... pourquoi tu y as jamais été?

AURÉLIE
(Après un temps.) Parce qu'a me l'a jamais demandé pis qu'je l'aime assez pour me passer d'elle si c'est c'qu'y a d'mieux pour elle.

CHATTE
Comment s'passer d'toi pourrait être c'qu'y a d'mieux?

AURÉLIE
Y a des choses que même l'amour peut pas corriger. Au contraire. J'ai appris ça aussi avec mes «émotifs»: y a une sorte de mal qu'on peut pas toucher, même pour essayer de l'diminuer, même pour l'ôter. On a beau aimer quelqu'un, ça nous permet pas de l'consoler malgré lui. Y faut attendre... attendre que la personne demande queque chose. Ta mère... ma sœur peut pas plusse me voir maintenant qu'y a vingt-trois ans. A peut lire mes lettres, mais a répond presque pas. C'est d'même. Est partie assez loin pour mériter sa paix. J'irai pas lui expliquer que j'sais mieux qu'elle c'qu'y y faut. J'vas attendre ici qu'a l'aye envie ou besoin d'me voir.

CHATTE
Mon dieu, j'voudrais être capable d'aimer comme toi un jour.

AURÉLIE
Ça, c'est l'âge, ma Chatte. J'savais pas ça à vingt ans.

CHATTE
Chus pas sûre... *(Un temps, elles boivent.)* Y neige.. te rends-tu compte qu'y neige jamais où elle est?

AURÉLIE
Oui. J'pense souvent à toute ça... Tu sais, des fois ta mère me manque tellement qu'on dirait

qu'j'ai pas eu d'enfance. Qu'y reste rien. Un grand mur blanc, pas d'dessin d'sus. Ta mère, c'est presque toute ma vie avant toi. Des fois on dirait que j'viens d'nulle part, parce que elle, est pus nulle part. C'est elle qui s'est exilée pis c'est moi qui est déracinée. Est partie avec toute mon enfance dans sa valise. Après son départ, y a pus rien eu d'mon passé qui est revenu, parce qu'y avait pus aucun témoin. Pis ça, c'tait son désir à elle, pour elle-même. Pis c'est fou, mais chus sûre qu'elle, est moins plongée dans l'vide que moi. Pis c'est elle qui avait tant besoin du vide.

CHATTE
Veux-tu j'te dise, Aurélie? Des fois j'y en veux de t'faire ça. J'comprends, mais j'y en veux.

AURÉLIE
Oui, ma Chatte, je l'sais. C'est ta manière de m'aimer.

L'éclairage baisse doucement. Jusqu'au noir.

NUIT 3

De nouveau, les plantes et les fleurs ont changé: un gros bouquet de fleurs d'automne dans un vase de cuivre est à terre. Les plantes ont encore bougé: fini le poinsettia, un nouveau ficus, assez gros, une azalée en fleurs roses... Nous sommes en octobre 84. Le solarium est plongé dans la pénombre, mais la Chatte est là, dans le fauteuil d'Aurélie, immobile. On entend la porte du dehors se fermer, des pas. La lumière arrive par la porte donnant sur le salon. La Chatte ne bouge pas. Elle a son manteau sur le dos. Aurélie entre, une pousse de plante dans du papier d'aluminium dans les mains. Elle allume une lampe, voit la Chatte et fait le saut.

AURÉLIE
La Chatte? Qu'est-ce que tu fais là? Qu'est-ce qui s'est passé?

CHATTE
Fini. C est fini Aurélie.

Un temps. Aurélie avance vers la Chatte qui semble pétrifiée dans le fauteuil. Elle hésite, puis s'assoit au bout de la causeuse, sa petite repousse de plante dans les mains.

AURÉLIE
Y a choisi d'rester avec elle?

CHATTE
Non. C'est moi qui a choisi.

AURÉLIE
Toi?

CHATTE
Fallait ben que queqqu'un l'fasse.

AURÉLIE
Tu penses qu'y l'aurait jamais laissée? C'est ça?

CHATTE
Un an, six semaines et trois jours... Ça m'a pris exactement un an, six semaines et trois jours pour comprendre que c'gars-là ferait l'tour du calendrier avec des dates impossibles à transgresser. Noël, Pâques, les vacances, sa fête, celle de sa femme, celle du p'tit, de leur mariage, ça en fait des bouttes en rouge sur un calendrier, des bouttes impossibles.

AURÉLIE
Tu y as dit ça?

CHATTE
Non. Qu'y l'devine! Qu'y s'force un peu. Moi, j'ai faite un tour de calendrier, j'en ferai pas deux. Pas deux pareils, en tout cas.

AURÉLIE
Qu'est-ce que tu y as dit?

CHATTE
Que c'tait toute. C'tait assez. Fini.

AURÉLIE
Ma Chatte... ah, ma Chatte...

CHATTE
C'pas a fin du monde. On s'en remet tu sais.

Aurélie ne dit rien. Elle la regarde.

CHATTE
(Très agressive.) Ah, r'garde-moi pas d'même! J'vas survivre!

AURÉLIE
Veux-tu du thé?

CHATTE
Non, j'veux rien. Rien!

AURÉLIE
Tu viens-tu jusse de l'voir?

CHATTE
(Consulte sa montre, c'est son premier geste.) Ça fait exactement cinq heures que l'l'ai planté au bar avec mon verre pis l'sien à vider. Y doit encore avoir la bouche ouverte. Ça fait quatre heures que chus là. L'heure entre les deux, j'l'ai marchée. Y a-tu d'aut'chose tu veux savoir?

AURÉLIE
Non, non. J'vas aller faire du thé. J'en ai besoin, moi.

Elle se lève, vient pour sortir. La Chatte crie de son fauteuil.

CHATTE
Laisse-moi pas être si bête avec toi! Laisse-moi pas t'faire ça parce qu'un écœurant est pas capable de vivre sans chier dans ses culottes!

AURÉLIE
Ben oui, mais je l'sais ben que c'pas à moi qu't'en veux.

CHATTE
(Elle se lève et marche comme une enragée.) C't'à moi! À moi qu'j'en veux! Je l'savais, je l'savais

qu'y bougerait pas, qu'y étirerait ça jusqu'à temps que moi, j'pète, que moi, j'en peuve pus. Lui, y pouvait toffer, lui, y était capable d'en prendre, c'pas a première fois qu'y s'paye le divertissement du siècle. C'est une des premières choses que sa femme s'est dépêchée d'me dire. Y tombe en amour toué trois ans pis ça dure le temps qu'la fille toffe ses délais. C't'un amoureux chronique! Y peut pas s'en empêcher. Y aime les femmes, c't'épouvantable! Moi, ben sûr, c'tait pas pareil. C'tait spécial, c'tait nouveau, c'tait a première fois que c'était si sérieux. Tu sais l'coup d'l'unique qui change toute, qui dérange toute? Tu sais l'gars honnête pour la première fois d'sa vie? Qui a l'courage de toutes les aveux pis de pas un maudit mouvement, pas un seul move compromettant? J'ai eu droit en un an, six semaines et trois jours à un voyage de cinq jours dans Charlevoix. Pis là-d'sus, on s'est engueulé deux jours à cause de sa femme. J'te dis qu'ça en fait d'la comptabilité! J'pourrais même te dire le nombre d'appels que j'ai eus de Sandra, l'épouse en titre, la maniaque du couteau qui tente de s'ouvrir les poignets à chaque fois qu'y ferme la porte. Sais-tu comment j'ai su que c'tait fini? Sais-tu comment j'ai su que jamais y viendrait rester avec moi?

Aurélie fait non, silencieuse, peinée.

CHATTE

Parce que la sainte Sandra a arrêté d'm'appeler. Fini. Pus d'téléphone. La paix! J'y ai demandé si a était morte, y m'a dit qu'elle allait mieux. Là, j'ai commencé à avoir peur. Pis après, y m'a parlé d'son fils, l'alibi numéro deux. Son fils qui a des problèmes. Qui tape sus a tête de toutes les enfants d'la garderie parce que son père couche avec moi. As-tu déjà vu l'rapport, toi? Quand on connaît sa mère, on comprend pourquoi son fils déboîte les autres, pis pourquoi, lui, y couche avec moi! C'est ça qu'j'ai répondu à monsieur Pierre-Louis, un grand garçon responsable de trente-cinq ans qui veut pas faire de peine à personne, pis vivre pareil! Y m'a trouvée ben bête, ben agressive. Y comprenait plus du tout. Y était tout perdu le p'tit pit!

AURÉLIE
Tu sais ben qu'y comprenait.

CHATTE
Mais y a faite comme si y comprenait pas! Y a faite comme si moi, j'perdais les pédales, j'm'énervais pour rien, comme si moi, j'exagérais. C'est ça qu'j'pardonne pas. Y peut être assez lâche pour pas sacrer son camp, pour me conter des menteries à longueur d'année, j'peux l'prendre. Mais assez lâche pour me dire que moi, j'comprends rien quand lui s'ménage de tout bord, tout côté, ça, c'est trop pour moi.

AURÉLIE
Ça va peut-être le faire bouger.

CHATTE
Penses-tu! C't'un lâche j'te dis! Y prend c'qu'y peut tant qu'ça coûte pas trop cher, tant qu'y est pas obligé de s'déranger. Mais quand y est question d'agir, de passer aux actes, y veut pus, y recule! Y a toutes sortes d'excellentes raisons qui l'empêchent d'être l'homme qu'y voudrait être. Mais j'y ai-tu d'mandé de m'promettre queque chose? J'y ai-tu demandé d'parler à sa femme, d'essayer d'la laisser? Jamais! Pourquoi y s'est senti obligé de m'dire ça si y savait qu'y l'ferait jamais? J'avais pas besoin d'promesses, moi. J'y

demandais lui, sa personne, pas un bail pour vingt ans! J'm'appelle pas Sandra ni Philippe! C'tait lui que j'voulais, pas m'marier. Lui, avec son corps, pis ses menteries si ça va avec, pis sa lâcheté si y faut, mais pas des accroires qu'y s'sent obligé de m'faire pour me garder! Pas ça! Chus pas une fille de même, pas une minable qui l'aime pour ses promesses. Pour qui y m'a pris don?

AURÉLIE
Mais c'est lui qui avait besoin d'ces promesses-là, pas toi! C'est pour lui, parce qu'y pouvait pas supporter de t'aimer sans rien t'promettre. C'pour ça qu'y t'les faisait. C'est avec lui qu'y négociait. C'est lui qui avait besoin de croire qu'y laisserait sa femme, qu'y partirait avec toi. C'est son piège à lui, pour lui, pas l'tien ma Chatte. C'est ben malheureux, mais ça a pas d'rapport avec toi. Avec la femme que t'es.

CHATTE
Mais pourquoi y a besoin de t'ça? Pourquoi? Y m'avait sans ça, y pouvait continuer sans ça. C'est ses promesses qui ont toute brisé.

AURÉLIE
Tout l'monde est pas capable de vivre en pleine face avec c'qu'y sont. Y avait besoin d'croire qu'y était plus courageux qu'ça. Y avait besoin de s'faire accroire qu'y laisserait sa femme. Qu'y était digne de confiance.

CHATTE
Y avait besoin d'moi pour dealer avec elle, c'est ça? Pour y parler, pour la menacer? Y avait-tu besoin d'moi pour épicer son mariage qui goûte pus rien?

AURÉLIE
Non. Fais-toi pas plusse de mal qu'y t'en a faite.

CHATTE
Y m'a rien faite! J'm'en sacre de c'gars-là! C't'un menteur pis un lâche!

AURÉLIE
(Très doucement.) Un menteur pis un lâche que t'aimais.

CHATTE
(Très fâchée.) NON! *(Un temps, puis très doucement.)* Oui. O.K. Oui, un lâche que j'aimais. Pis j'l'aimais lâche, pis faible, pis chicken. Pis ça m'fait rien qu'y soye minable si y m'oblige pas à faire semblant que c't'un géant qui va tuer l'Minotaure dans deux jours. Chus pas a première femme qui aime un homme ben moins grand qu'y pense qu'y est. J'l'ai toujours su que c'tait pas l'courage incarné. Qu'est-ce qu'y veut, donc? Que j'soye déçue? Que j'm'attende au héros, que je l'change en prince charmant? Y est jusse un homme qui a peur de déranger ses habitudes. Y est jusse comme tout l'monde: y a envie d'aventures pis y étouffe au grand air. Y pensait-tu vraiment qu'au bout d'cinq mois, j'croyais encore qu'y s'en irait d'chez eux?

AURÉLIE
Non. Y savait ben qu'tu l'croyais pas. Fa qu'y a pensé qu'y serait p'tête vraiment obligé de l'faire.

CHATTE
Han? Si j'l'avais cru, ça aurait mieux marché?

AURÉLIE
J'pense que ça l'aurait réconforté pour un temps.

CHATTE
Réconforté?

AURÉLIE
Y doit pas être ben fier de lui, surtout si c'est pas

sa première fois. Y doit s'trouver assez ordinaire, merci.

CHATTE
Qu'est-ce que ça change que j'croye ses menteries?

AURÉLIE
Ça l'aide à y croire. J'veux pas l'excuser là, mais j'pense que Pierre-Louis aime pas l'idée de manquer d'courage ou d'sincérité. J'pense qu'y t'aimait vraiment, mais que tu représentais beaucoup trop de franchise pour lui. Avec toi, y a presque pus d'détours, pas grand moyen d'échapper à vérité. C'est exigeant aimer une Chatte.

CHATTE
Mais j'y demande rien! Rien! Ni d'la laisser, ni d'me promettre queque chose.

AURÉLIE
C'est trop pour lui. Tu l'sais: tu y demandais la vérité. Finis les accroires, les faux-fuyants, les p'tites menteries réconfortantes qui y permettent de s'croire plus pis mieux qu'y est.

CHATTE
Mais Aurélie, j'l'aimais comme y était, avec pas beaucoup d'courage.

AURÉLIE
Oui, mais pas lui. Pas lui. Y est habitué aux miroirs indulgents pis toi, t'es t'un miroir fidèle. Y est pas capable de se r'garder là-d'dans. Même si y en a envie. Même si l'miroir le r'garde avec amour. Y peut même pas comprendre que tu puisses l'aimer si tu sais ça de lui.

CHATTE
Y est din patates! Qu'est-ce que j'peux faire de plusse que l'aimer comme y est?

AURÉLIE
Je l'sais pas. Me semble que t'as faite c'que tu pouvais. Tu y as dit c'que tu supportais pis c'que tu supportais pas. C'est lui qui choisit.

CHATTE
C'est ça: moi je l'aime, pis lui, y choisit.

AURÉLIE
C'est plate de même.

CHATTE
Si y faut qu'j'attende après ça, ça va être long.

AURÉLIE
Y va p'têtе changer, ça peut l'secouer.

CHATTE
Y va s'penser obligé d'la laisser. Y veut pas comprendre de quoi j'parle.

AURÉLIE
Y comprend. Y veut pas en parler, c'pas pareil! T'aimes un homme qui s'aime pas. C'est l'entreprise la plus compliquée du monde.

CHATTE
Aurélie... j'voudrais qu'y m'aime.

AURÉLIE
Tu penses qu'y t'aime pas?

CHATTE
J'voudrais qu'y s'aime d'abord. Qu'y s'aime assez pour m'aimer.

AURÉLIE
Pis t'laisser l'aimer comme y est...

CHATTE
Oh mon dieu... j'ai peur que ça soye fini... mon grand innocent, comment c'qu'y fait pour être si innocent?

AURÉLIE
J'me suis déjà posé cette question-là!

CHATTE
Pas d'réponse, j'suppose?

AURÉLIE
Rien d'mon bord!... En veux-tu du thé?

CHATTE
J'peux-tu coucher ici? Chez nous, j'vas rien qu'attendre son téléphone.

AURÉLIE
J'vas aller demander aux chats c'qu'y en pensent.

Elle sort. La Chatte s'assoit. Aurélie revient, met la théière sur la table, s'assoit sur la causeuse, fait signe à la Chatte qui vient se blottir contre elle, sur ses genoux. On la sent très bien. Aurélie caresse ses cheveux doucement, en silence.

CHATTE
Combien d'fois dans ta vie tu m'as consolée d'même?

AURÉLIE
As-tu déjà pensé à combien d'fois, toi, tu m'as consolée?

CHATTE
Moi? J'te console jamais!

AURÉLIE
T'es t'une Chatte ignorante, c'est tout. J'vas t'dire une chose: aujourd'hui ça t'fait mal pis tu vas trouver qu'c'est cher être honnête. Mais moi,

chus fière de toi. Parce que ça veut dire que tu veux pas souffrir toute ta vie, que tu veux pas toute sacrifier c'que tu crois important, y compris toi, pour un homme ou pour son amour. Ça veut dire que t'es prête à aimer les autres, mais debout, jamais à genoux. Pis ça, si tu savais, si tu savais comme ça ressemble à ta mère. C'est elle tout crachée. À chaque fois dans ta vie que tu y as ressemblé, pis c'est souvent, à chaque fois, ça m'a consolée de son absence. À chaque fois, ça m'a donné un double cadeau: toi pis elle en même temps. T'es belle comme elle, fière comme elle. Mais toi, tu sais t'défendre en plusse, pis ça, c'est moi qui te l'a donné.

CHATTE
Tu m'as donné ben plusse.

AURÉLIE
Toi aussi. J'te dis pas toute.

CHATTE
(Après un temps.) Peut-être que Pierre-Louis reviendra jamais, mais c'que j'ai eu, je l'ai.

AURÉLIE
C'que t'as eu est à toi. Personne peut te l'ôter. C'est à toi. Pis l'amour que t'as pour lui, c't'à toi aussi. T'es pas obligée d'en faire le sacrifice parce que lui peut pas l'prendre.

CHATTE
Chus pas obligée de pus l'aimer parce qu'y m'aime pas?

AURÉLIE
T'es pas obligée de pus l'aimer parce qu'y s'aime pas.

CHATTE
Ouain... p'tête ben.

L'éclairage descend doucement. On entend toujours du Vivaldi avec la voix d'Aurélie par dessus, disant la lettre qui suit.

AURÉLIE

Ma sœur chérie. L'automne est difficile et froid et pluvieux et notre fille est bien triste. Elle travaille, continue vaillamment à faire ce qu'elle a à faire, mais le cœur n'y est plus. Le cœur est givré, paralysé, le cœur a mal. Elle aimait tellement cet homme et elle est allée si loin avec lui. Il lui manque atrocement. Une peine d'amour terrible. Je ne peux à peu près rien faire et c'est le pire, crois-moi. Son attitude oblige le respect. Si tu savais comme elle souffre comme toi. C'est frappant. Je ne vais pas fort non plus parce que je me torture à lui trouver des passe-temps pour la distraire de sa mélancolie. Mais je sais comme toi qu'il n'y a que le temps qui saura la consoler. Le temps que ça prend pour calmer le cœur. Le temps que ça prend pour dompter le corps qui appelle quelqu'un.

J'ai la peine d'amour de la Chatte je pense. Je mange très peu, comme elle (ce qui ne me fait pas de tort à moi), je suis distraite et je soupire. C'est si dur voir quelqu'un qu'on aime vivre malheureux. Si terrible de ne rien pouvoir changer. Je l'ai déjà vécu avec toi. Eh bien, vingt-quatre ans plus tard, je déteste toujours autant ça et ça ne me fait pas moins mal. Ça doit faire partie des choses qui ne s'apprennent pas. Comme mes «émotifs» il y a des choses auxquelles je résiste sauvagement. L'apprentissage de la douleur chez les gens que j'aime est un cap infranchissable. Je bloque, suffoquée de peine et je regarde mon impuissance en pleine face tous les soirs. Quelle

humilité ça prend tout de même pour survivre à ses faiblesses. Ça, je peux te le dire, l'âge me l'a apporté: je m'incline plus vite, j'abandonne les combats à la Don Quichotte, je ménage mes forces pour ce que je peux vraiment faire. Ne t'inquiète pas trop, je veille sur elle. Comme j'espère que quelqu'un ou toi-même veille sur toi.

Aurélie.

Tout le temps de cette lettre, on voyait la Chatte dans les bras d'Aurélie.

L'éclairage descend au noir.

NUIT 4

Aucune fleur fraîche ou séchée cette fois. Seulement des plantes vertes, assez éparses et des pousses vert pâle, un peu maigres, un peu chenues (tulipes, narcisses à peine sortis de terre), des plantes moins exubérantes que d'habitude. Il pleut. Un orage avec de temps en temps un éclair et un grondement sourd de tonnerre, mais rien qui éclate. La Chatte, habillée comme au début de la pièce (pantalon et chemisier noir) entre et secoue un parapluie. Elle allume une petite lampe. Aurélie s'arrête à la porte du salon qui donne sur le solarium. Elle porte un tailleur noir «strict» et est «coiffée».

AURÉLIE
J'donne à manger aux chats avant qu'y déboîtent la maison pis j'viens te r'joindre. Veux-tu du thé? Aimes-tu mieux aller t'coucher? Tu dois être fatiguée?

CHATTE
Si j'prends encore un seul thé, l'cœur va m'sauter. Va nourrir tes bêtes, j'm'arrangerai ben.

Aurélie sort. La Chatte place le parapluie dans un coin du solarium, regarde dehors, soupire. Elle va au salon et revient très vite avec deux petits verres et du porto. Elle s'en verse un verre et soupire. Aurélie arrive, une théière et une tasse à la main. La Chatte lui montre la bouteille et l'autre verre. Aurélie abandonne le thé et se sert un porto. Elle marche dans la pièce, nerveuse. Elle vérifie inutilement la terre de deux plantes.

AURÉLIE
Fallait ben qu'y pleuve, han?

CHATTE
Ben oui...

AURÉLIE
Des funérailles pas d'pluie, ça a pas l'air vrai.

CHATTE
Ça c'est l'cinéma.

AURÉLIE
Ouain...

CHATTE
Tu t'assis pas?

AURÉLIE
Ah... j'ai les jambes un peu raides après mon tour d'auto. J'aime pas ben ça revenir de nuit, mais... j'pouvais pas rester là-bas.

CHATTE
Moi non plus...

AURÉLIE
Chus pas sûre que c'tait une bonne idée d'y aller.

CHATTE
On y est allé, c'est tout.

AURÉLIE
C'est ça. C'est tout.

Elle tournaille dans la pièce, ferme le parapluie.

CHATTE
Y est pas sèche!

AURÉLIE
(Sourit.) Oui, mais ça porte malheur.

CHATTE
Franchement Aurélie!

AURÉLIE
On parle pas d'corde dans maison d'un pendu... as-tu d'jà entendu c't'expression-là?

CHATTE
Ben oui...

AURÉLIE
J'ai toujours trouvé ça niaiseux: si la personne est déjà pendue, c'pas dangereux d'parler d'corde. L'mal est faite, on peut pus l'éviter. On peut pus y donner envie d'se pendre.

CHATTE
(La regarde un peu étonnée.) C'est vrai.

AURÉLIE
Pis à part de t'ça, tout l'monde s'en fiche!

Elle revient à la table, remplit son verre.

CHATTE
Mon dieu, Aurélie, vas-tu t'saouler?

AURÉLIE
J'haïrais pas ça j'pense.

CHATTE
Let's go! Si ça peut t'soulager...

AURÉLIE
Ah, chus pas triste!

CHATTE
Non?

AURÉLIE
Non, non!

CHATTE
T'es quoi?

Aurélie s'arrête, essaie de le dire, se trouble, lève son verre solennellement.

AURÉLIE
J'lève mon verre à not' père mort et enterré. À ton père mort, ma Chatte, et au mien et à celui de ma sœur. À not' père à nous toutes!

Elle boit, dépose son verre.

AURÉLIE
On est orpheline, ma belle.

CHATTE
Ça fait pas une grosse différence d'avec avant.

AURÉLIE
Oh oui, ça en fait une. Y est mort, c'est pus pareil.

CHATTE
Qu'est-ce qui est pus pareil, Aurélie?

AURÉLIE
Toute! *(Un temps. Elle marche.)* Pis rien!

CHATTE
Qu'est-ce qui s'passe, Aurélie? T'as-tu d'la peine?

AURÉLIE
Es-tu folle, toi?

CHATTE
Tu r'grettes-tu d'y avoir été? D'avoir revu tout c'monde-là?

AURÉLIE
Un p'tit monde, han? Un p'tit monde ordinaire qui nous guettait pour voir c'que ça nous faisait. Toute c'te p'tit monde qui nous a jugés, condamnés, qui a tant placoté y a vingt-quatre ans! Y sont venus enterrer l'père pour nous voir la face. Si y avaient pu, y auraient pris des photos pour nous montrer aux autres: ça, c'est Aurélie, la plus vieille, pis l'autre, c'est la fille à sa sœur, à sa sœur pis à lui, l'père.

CHATTE
Qu'est-ce que ça peut ben faire, Aurélie? On l'savait que l'monde serait curieux, c'pas nouveau.

AURÉLIE
Pis Ginette Graveline avec ses yeux qui louchent assez qu'on se d'mande comment c'qu'a fait pour verser l'café dans tasse... Quand j'pense que c'est ma cousine pis qu'c'est une des pires. «Charlotte est pas venue? Ç'aurait été cher le voyage, han?» A l'savait ben qu'Charlotte viendrait jamais. Pourquoi a n'en parle? Pour m'écœurer?

CHATTE
Ben voyons! Pour dire queque chose. Ça t'a jamais rien faite qu'on en parle. Au contraire, t'as toujours été franche là-de*ssus.*

AURÉLIE
Pas eux autres. Pas eux autres! J'veux pas qu'y en parlent. J'veux pas qu'y m'en parlent à moi.

CHATTE
Mais pourquoi? T'as toujours voulu qu'ça soye clair, évident, pas caché. T'en souviens-tu quand j'avais huit ans, à l'école, j'avais dit ça à ma meilleure amie qui l'avait dit à ma maîtresse? J'avais été punie. J'avais été chez la directrice qui m'avait dit qu'j'inventais des horreurs pour me rendre intéressante. Y avait fallu qu'on t'appelle à ton école pour vérifier si j'tais une menteuse ou pas. La directrice s'tait même excusée.

AURÉLIE
Je l'sais ben. Mais c'tait à Montréal, pas à Victoriaville. C'tait ici, pas dans c'te maudite ville-là où l'monde mesquin s'ramasse en tas pour placoter du voisin.

CHATTE
J'comprends pas pourquoi t'é-z-haïs.

AURÉLIE
Parce qu'y ont rien faite! Rien! Y s'sont contentés de r'garder l'spectacle pis de s'délecter dans peine de ma sœur. Y en a pas un qui l'a aidée. Pas un! Y étaient toutes en rang pour la juger, le trouver monstrueux, mais personne les a aidés. Ni elle, ni lui.

CHATTE
Lui?

AURÉLIE
Oui, lui. Lui, mon père. *(Un temps.)* J'ai toujours pensé qu'y méritait rien: ni un regret ni une condamnation. En r'tournant dans c'trou-là aujourd'hui, j'ai vu dans quoi y a vécu, dans quoi y a fini sa vie, entouré de qui. Pis c't'épouvantable. J'ai toujours pensé qu'sa mort me ferait rien d'autre que du bien, qu'y aurait tout c'qu'y mérite, pis qu'on n'en parlerait pus. Pis c'pas ça.

Chus encore en r'tard sus c'que j'sens. J'me sus encore trompée.

CHATTE

Sur quoi tu t'es trompée?

AURÉLIE

Sur lui. Sur moi. Sur nous autres. Je l'sais pas. C'est tellement injuste. J'aurais aimé mieux qu'y meure plus vite. J'ai essayé d'l'oublier pendant vingt-quatre ans. Ça fait vingt-quatre ans qu'mon père est mort pour moi. Vingt-quatre ans. Pis aujourd'hui... *(Elle s'arrête, incapable de continuer.)*

CHATTE

(Doucement.) Aujourd'hui quoi?

AURÉLIE

J'm'en faisais pour toi à matin. J'me disais qu'tu l'avais jamais vu. Que c'tait ton père après tout. Que ça t'bouleverserait p'tête. Mais j'voulais que tu l'voies mort, en m'disant que, comme ça, tu serais sûre qu'y t'ferait plus aucun mal. Mais j'me sus trompée. C'est Charlotte que j'aurais eu envie d'emmener aujourd'hui. C'est Charlotte qui a besoin d'être rassurée. Toi, y t'a jamais rien faite de mal. Toi, y t'a jusse faite. *(Un temps.)* Pis quand chus rentrée dans maison, dans l'appartement, quand j'ai senti la même odeur que quand j'tais p'tite, j'ai réalisé qu'mon père à moi, mon père m'avait jamais touchée, m'avait jamais faite de mal. Mon père à moi, le mien, c'tait pas un violeur. C'tait un plutôt bon père. Qui travaillait. Qui m'faisait jouer à «trois fois passera», qui m'aimait j'pense. Un père comme din livres. Quand Charlotte est arrivée ici enceinte de lui, tout à coup, j'ai changé d'père. Y a fallu que j'triche toute mon enfance, que je l'oublie presque pour le détester, y donner sa face de père obscène. C'matin, dans cuisine jaune pâle, y avait la berçante, la berçante où on r'gardait l'dictionnaire ensemble, mon père pis moi. Quand maman était malade ou enceinte de Charlotte ou avant, des autres enfants qu'a finissait jamais par mettre au monde, y m'prenait sur ses genoux, pis on r'gardait les mots, les mots neufs, les plus beaux mots du monde dans un livre qui avait même pas d'image. Pis y m'les expliquait, doucement. Pis un jour, y a dit: «Tu sais, j'les apprends avec toi. J'savais pas c'que ça voulait dire moi non plus.» Je l'ai regardé, y était plutôt beau, mon père, j'ai pensé que c'tait pas tout à fait vrai, qu'y l'disait pour être comme moi. Pis j'sais bien maintenant que c'tait vrai. Je l'ai jamais cru! Pourquoi j'ai faite ça? Y avait été un bon père avec moi, c'tait quelque chose, non? Peut-être qu'y a faite du mal à Charlotte, j'dis pas qu'y aurait dû faire c'qu'y a faite, mais pourquoi j'y ai ôté tout c'qu'y avait d'bon? Pourquoi j'ai faite comme si j'avais pas eu d'père? C'tait un homme tellement ignorant... qui savait même pas les mots du dictionnaire. Quand Charlotte m'a dit que c'tait papa qui y avait faite le bébé, j'comprenais pas. Pas mon père! Mon père aurait jamais faite ça! Mon père était quelqu'un de très bien. Un peu ignorant, c'est tout. Fa que je l'ai tué dans moi, pour croire le reste, pour réussir à avoir comme père c'te monstre-là qui couchait avec sa fille de quinze ans. J'me souviens un jour, t'avais quatre ans j'pense, tu voulais écrire ton nom, t'avais pris les lettres de mon scrabble, pis tu voulais que j'te montre comment faire le mot. J'ai pas été capable. J'ai pris les lettres, pis j'ai pleuré, pleuré, pleuré... C'tait comme lui! Comment on peut montrer à une p'tite fille les mots pis y enlever après? T'étais sa fille, tu voulais faire des mots, pis j'avais perdu mon père depuis tellement longtemps... Tu m'as rappelé elle mille fois... Lui, trois fois, pis c'tait toujours avec les mots. Après ta naissance, j'ai toujours parlé du père de Charlotte, du tien. Jamais du mien. J'pense que j'ai été gênée de l'avoir eu. Ou ben pire: j'ai eu honte d'avoir cru que c'tait un bon père... Mais la p'tite fille que j'étais, a peut pas s'tromper! Je l'sais pas... je l'sais pas... Y faut pas tuer les gens dans not' tête. Parce que l'jour où y meurent, l'jour où y meurent... c'est not' propre abandon qu'on s'pardonne pas. On finit par se tuer dans not' tête. *(Un temps.)* J'ai pas enterré mon père aujourd'hui... j'ai déterré la p'tite fille que j'étais, qui aimait son père, pis qu'j'ai enfermée dans un sous-sol pour la punir d'avoir eu un bon père.

CHATTE
T'as faite ça parce que t'aimais ma mère? Par fidélité?

AURÉLIE
Peut-être... j'pense. Mais surtout parce que j'me sentais tellement coupable vis-à-vis d'elle. Tellement coupable de pas l'avoir protégée, de pas l'avoir vu, de pas l'avoir su.

CHATTE
Tu restais même pus à Victoriaville.

AURÉLIE
Non, mais j'y r'tournais des fois. Pis Charlotte m'appelait. Pis j'tais comme sa mère. J'avais six ans d'plusse qu'elle, j'm'en étais toujours occupé, j'aurais dû l'deviner, j'sais pas. Mais j'tais mariée, j'avais ma vie avec Gaétan, j'voyais rien. Le jour où Charlotte s'est assise dans l'salon avec sa p'tite valise pis son air de bête blessée, le jour où elle m'a dit: c'est mon père, le père, j'ai compris qu'mon père à moi devait être mort. Mon père à moi m'aimait. Son père à elle... j'sais pas, j'ai jamais su si c'tait d'l'amour ou une

erreur terrible, une erreur d'ignorance. Charlotte a jamais été bavarde. J'ai promis. J'ai promis qu'y t'approcherait jamais. Y a jamais essayé.

CHATTE
Pis toi, t'as pus jamais vu ni ton père, ni ma mère. T'as perdu toute ta famille d'un coup.

AURÉLIE
Mais j't'ai eue. T'as été ma famille.

CHATTE
Ta fille, pis ta sœur.

AURÉLIE
Ma fille, ma sœur, ma nièce.

CHATTE
Mais pas ton père.

AURÉLIE
Non, lui, j'l'ai jamais remplacé. Trop dangereux.

CHATTE
Pourquoi tu m'as appelée Charlotte moi aussi?

AURÉLIE
Je l'sais pas. Au début, j'ai pensé que c'tait pour me convaincre que t'étais sa fille, pas sa sœur: on appelle jamais deux sœurs avec le même nom. Pis c'est peut-être pas ça. Ça m'a pris du temps à t'trouver un nom. J'tais sûre que ta mère reviendrait, qu'a voudrait t'nommer elle-même. Pis après j'ai compris qu'a r'viendrait jamais t'chercher. J't'ai appelée comme elle. T'étais sa fille, t'étais celle que j'aimais l'plusse au monde comme elle. Mais j't'ai donné un nom italien aussi, que j'ai cherché dans l'dictionnaire des noms propres: Carla.

CHATTE
Oui, mais tu m'appelles jamais d'même. Y a jusse Pierre-Louis qui m'appelait Carla.

AURÉLIE
J'ai jamais voulu qu't'ailles en Italie non plus. J't'ai donné c'nom-là au cas où ta mère voudrait t'élever elle-même en Italie. J'avais très peur de ça, alors j'ai jamais prononcé c'nom-là.

CHATTE
Ça l'a jamais intéressée.

AURÉLIE
Je l'sais pas. A n'a jamais parlé.

CHATTE
Est trop pris par sa sculpture. Pis j'aurais jamais voulu.

AURÉLIE
Y aurait fallu l'faire quand t'étais ben p'tite.

CHATTE
Pourquoi est jamais revenue, tu penses? Parce qu'a l'haïssait trop?

AURÉLIE
Je l'sais pas. Ta mère écrit pas. A répond pas quand on pose des questions. Quand est partie, j'ai commencé à y écrire pour la t'nir au courant d'toi, de moi, de nous aut'. Petit à petit, j'ai compris qu'a reviendrait jamais, qu'a l'avait pas besoin ni d'moi, ni d'toi, ni d'personne d'ici. Mais j'ai continué à y écrire parce que moi, j'avais besoin d'ma sœur, j'avais besoin de c'lien-là pour être sûre que j'existais encore. Pis aussi parce qu'y fallait que j'y parle de toi, de sa fille, d'la femme que tu devenais. J'aurais eu l'impression d'la voler si j'avais pas continué. Tu m'rendais tellement heureuse! Ç'aurait été y prendre son meilleur sans rien dire, ou l'meilleur de mon père qui serait passé par son pire à elle.

CHATTE
Tu y as jamais parlé d'ton père à toi?

AURÉLIE
(Fait non de la tête.) J'pouvais pas... Tu sais, j'me sus même demandé si j'tais pas jalouse qu'il l'aye choisie, elle, comme femme. Pis en écrivant mes lettres, pendant toutes les nuits d'insomnie où j'y ai écrit, j'ai compris que j'essayais à ma manière d'y donner c'que mon père m'avait donné d'beau: les mots. J'essayais d'corriger l'erreur de son enfance, d'être pour elle le bon père que j'avais eu, moi. D'y redonner à ma manière.

CHATTE
Chus sûre que ça a marché, que tes lettres y ont fait du bien.

AURÉLIE
Pas moi. Mais chus sûre que mes lettres nous en ont fait à nous aut'. Penses-y ma Chatte: toutes les fois où j'écrivais, où j'essayais de réfléchir à toi, à moi, à tous les problèmes qui se posaient. Qu'est-ce qu'y faut y dire, comment l'dire, qu'est-ce qu'y faut cacher?

CHATTE
Tu parlais d'ça?

AURÉLIE
De tout.

CHATTE
Mais a t'répondait pas!

AURÉLIE
Des télégrammes. Ta mère m'envoyait des télégrammes. Tout à fait son style, son rythme. Mais ça fait rien. Ces lettres-là, jusse les écrire, ça m'donnait des réponses. Ça m'permettait d'voir les choses. De comprendre.

CHATTE
Tu savais pas toujours quoi faire? Toi qui avais l'air si sûre de ton coup.

AURÉLIE
Jamais d'la vie! J'avais toujours peur de t'faire du tort, de mal t'élever, de pas en faire assez, d'en faire trop. J'me sentais pas très compétente.

CHATTE
Pourtant, tu l'étais.

AURÉLIE
C'tait pas l'avis d'tout l'monde! Donne-moi du porto.

CHATTE
On s'saoule?

AURÉLIE
Envoye, on verra ben. Tu sais, c'que tu contais tantôt, quand t'étais à l'école pis qu'on t'avait accusée de faire l'importante avec des histoires atroces? Ben si t'avais vu l'discours qu'la directrice m'a faite, toi! Jamais j'aurais dû t'dire ça! J'allais t'traumatiser pour le restant d'tes jours! À quoi j'avais pensé? Ton avenir si ça s'savait... Y fallait tout faire pour te faire oublier tes origines honteuses: une heure de discours. Une heure à m'faire expliquer toutes les menteries qu'j'aurais dû t'conter.

CHATTE
J'espère que t'as jamais regretté.

AURÉLIE
Regretté, non, mais douté, oui. Mais moi, j'ai toujours pensé que l'moins pire, c'tait la vérité. C'tait la seule façon de t'permettre de comprendre pourquoi tu vivais pas avec ta mère.

CHATTE
Mais tu l'sais que, pour moi, c'est toi ma mère?

AURÉLIE
Oui, mais pas ta vraie mère.

CHATTE
Non, ma mère choisie. Ma sœur pis ma mère. La directrice était vraiment mêlée parce que j'ai toujours été très fière d'avoir une sœur qui était ma tante pis ma mère.

AURÉLIE
Si on r'garde ça dans famille, on est une belle race d'orphelines: maman est morte, j'avais neuf ans pis Charlotte, trois. J'ai élevé Charlotte avec tante Lilas qui est morte quand j'avais quinze ans. J'me sus mariée à vingt ans, ta mère t'as eue presque l'jour de ses dix-sept ans... des tantes pis des sœurs qui jouent à mère. C'tait presque inévitable que ça soye moi qui t'élève.

CHATTE
T'aimais-tu ta mère, toi? A t'manquait-tu?

AURÉLIE
Non. Pas ma mère. Tante Lilas par exemple, elle je l'aimais... Maman était toujours malade, fallait faire attention tout l'temps. Tante Lilas était grosse pis solide, on pouvait s'tirer dans sa bedaine, c'tait pas dangereux d'la briser. On n'aurait jamais dit que c'tait la sœur à ma mère! Comme Charlotte pis moi d'toute façon. J'pense que je r'semble à Lilas.

CHATTE
Pis ma mère à ta mère?

AURÉLIE
Sais pas... La dernière fois que j'l'ai vue, un peu, oui... Maintenant, Charlotte a quarante-et-un

ans, pis ma mère a jamais eu trente ans. C'est difficile à dire.

CHATTE
Mon dieu, est morte jeune!

AURÉLIE
Oui, c'tait jeune.

CHATTE
Penses-tu qu'ton père pis Lilas...

AURÉLIE
Oh mon dieu, non! Lilas serait partie à rire. J'l'entends d'ici. Non. Mon père avait pas d'aut' femme... en tout cas, pas d'autre avant Charlotte. Pis après... ça pas d'l'air.

CHATTE
Y avait pas d'femme éplorée aux funérailles.

AURÉLIE
Y y aurait fallu un maudit courage pour se présenter là. Avec la gang de rapaces qui guettaient.

CHATTE
T'é-z-aimes pas, han?

AURÉLIE
Non.

CHATTE
Pourquoi?

AURÉLIE
Parce qu'y sont cheap pis mean. Parce qu'y ont du cœur jusse quand on est supposé en avoir. Pas plusse, pas moins. Parce que c'est des spectateurs qui aiment pas l'show qu'y r'gardent pis qui sont même pas capables de se l'ver pour aller s'faire le leur. C'est du monde comme eux aut' qui font qu'des drames deviennent des tragédies.

CHATTE
Tu penses qu'y ont empiré toute c'qui est arrivé?

AURÉLIE
J'pense qu'on est élevé dans religion catholique pis la peur du sexe. Pis j'pense que la seule chose qu'on n'a jamais pu apprendre à faire, c'est pardonner pis vivre sa sexualité. Pour une gang de catholiques, c'pas très brillant. Y a pas d'quoi être si satisfait.

CHATTE
T'es pas catholique, toi?

AURÉLIE
Non, chus païenne, pis j'aime ça d'même. Une païenne, le mot qui m'faisait l'plusse peur quand j'tais p'tite. Une païenne, comme mon père pour eux aut', les confortables aux fauteuils d'orchestre, les confortables qui jugent pis qui applaudissent quand les méchants meurent. Y applaudissaient dans l'église aujourd'hui, j'les entendais. Pis chus pas mieux qu'eux aut'. Pis c'pour ça que j'leur en veux tant. Moi aussi j'ai enterré pis condamné mon père avant son temps. Moi non plus j'sais pas pardonner, pis j'comprends rien au sexe. Fa qu'ça m'fait peur.

CHATTE
Mais au moins, t'es pas catholique!

AURÉLIE
Dans c'pays-là, t'as pas besoin de l'être pour avoir les symptômes: tu baignes là-d'dans de toute façon. J'ai toute faite pour que tu soyes pas élevée là-d'dans. Ben à mon école, aujourd'hui, en 84, y en a encore qui veulent que j'enseigne le «p'tit-Jésus-qui-est-tout-pardon» à des enfants qui seront jamais capables d'épeler c'mot-là tellement y leur est étranger.

CHATTE
Ça change pas gros, han?

AURÉLIE
Non. Pis quand j'me regarde aujourd'hui, j'trouve que ça m'a pris du temps à comprendre. Fa que j'peux pas condamner les autres de bretter en cours de route.

CHATTE
Tu t'en veux, han?

AURÉLIE
Pas mal, oui.

CHATTE
Pour lui?

AURÉLIE
(Elle fait non doucement.) Pour moi. *(Un temps.)* J'espère que t'auras jamais rien à regretter autant pis aussi fort dans ta vie, ma Chatte.

CHATTE
C'tait lui ou ben elle... C'tait pas facile, t'avais pas vraiment l'choix...

AURÉLIE
J'aurais pu... ah, je l'sais pas... je l'sais pus. Y est mort aujourd'hui, pis ça sert à rien d'creuser pis chercher. Y est mort... mon pauv' vieux père est mort. Tout seul. *(Un temps.)* Tout c'que j'y souhaite c'est d'se réincarner en oiseau. Un oiseau libre pis heureux. Un oiseau qu'on peut pas enfermer.

CHATTE
Comme ceux qui viennent manger dans ta cour?

AURÉLIE
Oui, j'espère qu'y viendrait dans ma cour pis que j'pourrais y donner à manger, pis l'aimer un peu... C'est niaiseux dire ça.

CHATTE
Non. C't'une belle façon d'vouloir réparer.

AURÉLIE
Sauf qu'on répare pas. Devenir un oiseau, c'tait mon rêve, ça. J'fais jusse y passer mes rêves impossibles. J'ai toujours jusse donné mes impossibles à mon père.

CHATTE
Tu t'en veux trop Aurélie.

AURÉLIE
C'est vrai... ça va m'passer, tu vas voir. Ça doit finir par s'apprendre, ça, l'pardon.

Un temps.

CHATTE
De quoi tu penses y est mort, not' père?

AURÉLIE
D'amour.

Un temps. Aurélie remplit les verres. Elle se lève, va dans la pièce du salon et revient avec une enveloppe.

AURÉLIE
Y avait une photo dans sa chambre, sur sa table de nuit. Veux-tu la voir? Je l'ai rapportée.

CHATTE
(La prend.) Dans sa chambre?

AURÉLIE
Sur la table de nuit de son côté.

CHATTE
(Regarde.) Ah! Qu'est belle... Qu'elle est belle... C'est ma mère?

aurélie
Non... C'est moi. C'est moi avec mon père.

L'éclairage baisse doucement. L'orage continue, mais Vivaldi prend le dessus.

Noir.

Entracte

NUIT 5

Au retour de l'éclairage, c'est l'été. Une lumière magnifique de fin de journée du début juillet. Aurélie, juchée sur un tabouret, descend une jardinière du plafond. Elle sort et revient avec une plante à fleurs, généreuse et d'un rose tenu. Elle remonte et l'accroche. Un gros bouquet de marguerites fraîches trône dans un coin. On entend les oiseaux piailler, une tondeuse qui meurt doucement. Aurélie examine son essai. On entend la porte claquer.

VOIX DE LA CHATTE
Aurélie?

AURÉLIE
Passe en d'sous d'la table!

CHATTE
(Arrive avec un gros sac de livres.) Chus en retard, han?

AURÉLIE
T'es pas mal française si t'arrives pour souper à huit heures et demie.

CHATTE
Ben oui...

AURÉLIE
As-tu mangé?

CHATTE
J'ai vu Pierre-Louis.

Un silence. Palpable. Seuls les oiseaux ne le respectent pas. Aurélie descend du tabouret, s'assoit dessus.

AURÉLIE
Ah!

CHATTE
Ça t'fait d'l'effet!

AURÉLIE
Pas à toi?

CHATTE
Oui. À moi aussi.

AURÉLIE
Pis?

CHATTE
Y est toujours aussi beau... toujours aussi tentant.

AURÉLIE
Y t'a appelée!

CHATTE
Non, non. C'tait à librairie, j'cherchais des livres. Y était en arrière de moi, j'l'avais pas vu. J'y ai presque rentré d'dans.

AURÉLIE
Y t'avait vue, lui?

CHATTE
Oh oui! Y étai*t* pâle, tout mêlé, tout croche. Peux-tu croire Aurélie qu'en le r'gardant, du premier coup, j'ai retrouvé exactement comment y était dans moi, dans l'amour?

AURÉLIE
J'peux l'croire certain.

CHATTE
J'tais dans l'milieu d'une allée d'livres, pis j'avais l'impression d'être dans un lit, dans ses bras, isolée comme jamais...

AURÉLIE
Qu'est-ce qu'y a faite?

CHATTE
Y a dit: «Carla?», y m'appelle de même, lui. Fa qu'y a jusse dit ça: Carla. Y l'dit... très bien. On dirait toujours qu'y m'touche quand y dit mon nom. Moi, j'disais rien, j'le r'gardais. Toujours le même... le même homme que j'avais laissé y a neuf mois.

AURÉLIE
Vous êtes restés là combien d'temps?

CHATTE
J'sais pas. C'est l'monde qui nous bousculait qui nous a faite réagir. «As-tu l'temps d'parler un peu?» qu'y m'a demandé. J'ai faite oui, j'ai acheté les livres que j'avais din mains en espérant que c'tait ben ça que j'voulais, pis on est allé prendre un café en face. Y m'a dit qu'y avait pensé m'appeler ben souvent, qu'y avait ben failli, mais qu'y avait peur de m'faire du mal. J'ai dit que j'tais sûre qu'y y avait pensé pis qu'y devait pas avoir peur de faire du mal rien qu'à moi. Là, y a cru que j'parlais de Sandra, pis y a dit: «Tu sais, elle a ben besoin d'moi.» J'pense que j'y aurais tiré mon café dans face! Maudit qu'j'haïs ça, ces phrases-là! Y m'a vu les yeux, j'l'ai vu r'gretter tu-suite, mais y était trop tard. J'y ai dit: «J'pense que c'est toi qui as très besoin d'elle.»

AURÉLIE
Mon dieu... qu'est-ce qu'y a dit?

CHATTE
Rien... y m'a r'gardée avec des yeux de chien battu, des yeux d'excuses, y a dit: «Ça fait neuf mois, on parlera pas d'elle, O.K.?», pis chus devenue comme méchante, j'sais pas pourquoi. J'y ai

dit: «Moi, j'parlais d'toi, pas d'elle.» Pis j'me sus arrêtée parce qu'on aurait dit qu'je l'battais. Y a eu un grand temps, pis y a dit qu'j'y avais manqué, qu'y s'faisait à rien: ni à s'passer d'moi, ni à oser laisser sa femme. Y a dit qu'y était un lâche qui avait peur de toute, qu'y avait passé un hiver épouvantable, qu'y avait eu trois bronchites pis qu'y avait fini chez l'psychologue pour se faire expliquer qu'y somatisait. Y a dit qu'avec moi, ça y aurait pris deux heures à l'savoir, pas toute un hiver...

AURÉLIE
Pis toi?

CHATTE
Moi rien. J'le r'gardais, c'tait l'même homme, le même bel homme. En plus triste, en plus défait. Je l'aime encore pis en même temps, je l'sais ben qu'y a pas les bras assez solides pour me prendre. On dirait qu'chus trop forte pour lui, trop dure, trop raide. J'ai envie d'lui, mais de lui en vie, content, pas de lui qui a peur. Je l'sais qu'y pourrait, mais... en neuf mois la peur a gagné pas mal de terrain. Faudrait que j'veuille pour deux... J'voulais encore, j'essayais d'trouver une trace de force dans ses yeux, un éclair de quelque chose de vivant, d'insoumis...

AURÉLIE
Son côté délinquant...

CHATTE
Oui.

AURÉLIE
Tu l'as pas vu, pas une minute?

CHATTE
Tout l'temps qu'j'ai été assis là, avec lui, non. Pis quand j'me sus levée pour partir avec mon gros

sac, pis ma grosse peine, y m'a retenue à deux mains, pis y disait: «J't'ai déçue, han? J't'ai déçue? J't'ai trop déçue?» C'était épouvantable. J'ai dit: «Pierre-Louis, c'est toi qu't'as déçu, tu l'sais ben.» Pis chus partie. J'arrivais à porte quand y s'est réveillé. Y a crié en plein restaurant, au milieu du monde, a*ssis* à sa table, la face pleine de larmes, y a crié: «Carla! Carla! J't'aime.» J'me sus retournée ben sec, chus revenue à sa table, pis j'y ai dit: «J'm'en vas dans quinze jours. Loin. Si tu veux venir avec moi, appelle avant trois jours. Si c'est pour me dire que tu peux pas, laisse faire, appelle pas.» Mais y avait déjà la face dans ses mains, pis y pleurait. Y pleurait comme un fou en disant: «J'peux pas! J'peux pas!» Chus partie.

AURÉLIE
Ouain...

CHATTE
On l'savait, han? On n'a assez parlé d'ses problèmes de conscience. J'sais pas pourquoi chus allée y dire ça, mais c'tait p'tête pour être ben sûre que j'avais toute essayé. Pour pas rester sus ma faim.

AURÉLIE
Y a-tu d'aut' chose à faire?

CHATTE
À part soudoyer son psy, j'vois pas.

AURÉLIE
Aurais-tu aimé mieux pas l'voir?

CHATTE
Non. Ça m'fait d'la peine, pis en même temps, ça me r'place: j'aurais très bien pu jusse me souvenir de l'homme amoureux, dans l'temps qu'y était willing.

AURÉLIE
T'auras été la grande folie d'sa vie, finalement.

CHATTE
Laisse-moi t'dire qu'y a l'air d'la payer, sa grande folie!

AURÉLIE
Pourquoi on a envie d'voler si on n'est pas capable de voler, veux-tu ben m'dire?

CHATTE
Tu devrais savoir ça, toi: à cause des oiseaux.

AURÉLIE
Moi, si j'avais l'choix, c't'un oiseau que j'voudrais être. Pas une poule, là... un oiseau. Un geai bleu ou ben... j'sais pas, une mésange. C'est gros comme rien, pis ça passe l'hiver ici.

CHATTE
Pis ça a même pas d'bronchite!

AURÉLIE
Ben non! *(Un temps.)* R'garde la lumière. Y est presque neuf heures. On est din jours les plus longs. J'peux-tu aimer ces soirées-là...

CHATTE
Ça sent même le gazon frais faite.

AURÉLIE
C'est Rémi à côté, y vient de l'finir. Y a dû mette son arrosoir. *(Elle se lève, va vérifier.)* Ben oui! Y l'a mis. Y s'est encore faite une plate-bande de marygold. Pourtant, j'y ai apporté plein de graines de fleurs rares. Mais non! Lui, c'est les marygold ou ben rien. *(Un temps.)* C'est tranquille, han, on s'croirait à campagne.

CHATTE
Aurélie... j'ai fini par accepter la job à Cinémathèque. J'commence dans un mois.

AURÉLIE
Ah oui? Chus ben contente. Au moins tu vas être dans c'que t'as étudié.

CHATTE
Oui, asteure que c'est décidé, chus ben contente.

AURÉLIE
T'as pas l'air sûre...

CHATTE
Non. C'parce que j'ai décidé d'aut' chose aussi...

AURÉLIE
Qu'est-ce que t'as décidé? Ç'a l'air grave.

CHATTE
Ça l'est.

Un temps. La Chatte taponne son sac de livres.

AURÉLIE
Ben... c'est quoi?

CHATTE
Chus allée m'acheter des livres sur la sculpture tantôt... la sculpture pis l'Italie.

AURÉLIE
Ah oui?

CHATTE
Oui... depuis queque temps, y a des affaires qui m'tournent dans tête...

AURÉLIE
Depuis la mort de quelqu'un, peut-être?

CHATTE
Peut-être... Mon père est mort, pis je l'avais jamais vu. Ça m'ferait queque chose que ma

mère meure sans que je l'aye jamais vue non plus.

AURÉLIE
J'comprends ça.

CHATTE
J'te dis pas qu'ça m'fait pas peur, là... mais j'vas avoir vingt-cinq ans dans neuf jours. J'trouve qu'à vingt-cinq ans, on devrait savoir qui on est, pis d'où on vient. C'est fou d'avoir rencontré Pierre-Louis là, quand j'venais d'trouver des livres qui m'apprendraient des affaires sur elle.

AURÉLIE
Pourquoi?

CHATTE
J'pense que Pierre-Louis sait pas d'où y vient pis qui il est, pis qu'c'est pour ça qu'y peut pas prendre une chance pis m'aimer.

AURÉLIE
Ç'a ben du bon sens... Vas-tu avertir ta mère?

CHATTE
Non. J'vas y aller, c'est tout. J'pense que j'ai peur qu'a s'sauve si a l'sait d'avance... Aurélie... Aurais-tu voulu v'nir avec moi?

AURÉLIE
Non.

CHATTE
C'est ben c'que j'pensais.

AURÉLIE
Ça fait assez longtemps que chus entre ta mère pis toi. C'voyage-là, j'ai toujours su qu'tu l'ferais tu-seule.

CHATTE
Mais tu comprends?

AURÉLIE
Ben sûr, ma Chatte, ben sûr que j'comprends. J'espérais même qu'un jour, t'ayes envie d'y aller. C'est ta mère, pis j't'en ai assez parlé. Elle aussi a doit avoir envie d'te voir: j'y ai assez parlé d'toi.

CHATTE
On a attendu vingt-cinq ans qu'a traverse... ç'a ben l'air qu'la montagne bougera pas. J'vas aller à montagne d'abord.

AURÉLIE
Si not' père était mort avant... a s'rait p'tête revenue. Mais là, avec sa carrière...

CHATTE
Est-tu mariée? A l'a-tu d'aut' enfants, tu penses?

AURÉLIE
Non, ça a me l'aurait dit. Peut-être qu'a vit avec quelqu'un... j'sais pas. C'pas ses trois télégrammes par année qui m'ont appris ça. Tu pars quand?

Elle arrange les marguerites qui n'en ont pas besoin.

CHATTE
La semaine prochaine.

AURÉLIE
Tu vas passer ta fête là-bas?

CHATTE
Ben oui.

AURÉLIE
Penses-tu rester longtemps?

CHATTE
Ça va dépendre...

AURÉLIE
Ben oui, c'est niaiseux demander ça.

CHATTE
Ça t'inquiète?

AURÉLIE
Ça m'fait drôle... c'est tout. Comme une affaire qu'on sait qu'y va arriver, pis là, ça y est, c'est là. C'est le moment.

CHATTE
Le moment tant redouté?

AURÉLIE
(Elle rit.) Un peu... En vingt-cinq ans, j'ai pensé à vot' rencontre, j'l'ai imaginée au moins... j'sais pas. Pas mal de fois!

CHATTE
J'vas t'écrire, moi, tu sais. J'ferai pas comme elle.

AURÉLIE
Chus pas inquiète.

CHATTE
(La prend dans ses bras.) Oh oui, t'es t'inquiète!

AURÉLIE
C'est niaiseux... j'ai peur de t'perdre.

CHATTE
De m'perdre?

AURÉLIE
Oui... ton estime, tout c'que tu trouves correque maintenant pis qu'après tu vas r'mettre en question. Tout à coup tu m'en veux? Tout à coup tu trouves que j'ai eu tort? Que j'aurais dû faire autrement... j'sais pas...

CHATTE
Mamélie, Mamélie... t'as pas décidé toute toute seule. Ma mère est jamais revenue, mon père pouvait pas t'aider, pis Gaétan est parti. Ça compte aussi c'que les aut' font. T'as faite c'que tu pensais l'mieux, ça je l'sais, j'en suis convaincue.

AURÉLIE
Veux-tu m'promettre queque chose?

CHATTE
Si j'peux...

AURÉLIE
Tu vas voir, tu peux. Quand tu vas savoir c'que tu penses, pis même si tu m'en veux, tu vas me l'dire, O.K.? Même si c'est des reproches terribles.

CHATTE
J'te l'ai dit: j'ferai pas comme ma mère. Y en astu voulu de jamais t'parler, de rien dire, rien écrire?

AURÉLIE
Non. C'est sa nature, est faite de même. Pis j'me disais toujours qu'a l'avait besoin d'oublier. Y compris mon inconscience.

CHATTE
Ouain... j'ai hâte de voir quelle mère c'est ça.

AURÉLIE
C'est p'tête plusse une artiste qu'une mère?

CHATTE
Est-ce qu'est bonne?

AURÉLIE
J'ai vu deux sculptures d'elle dans toute ma vie. Professionnellement, j'veux dire. C'tait dans une revue. Tu vas les voir, toi. Prends des photos pour moi.

CHATTE
Veux-tu que j'y apporte une lettre?

AURÉLIE
Oui... non. J'pense que j'serais capable d'y écrire de faire attention à toi, que t'es pas du marbre.

La nuit est tombée dans le solarium maintenant.

CHATTE
T'as peur qu'a fasse pas attention?

AURÉLIE
J'sais pas. J'sais qu'a voulait pas t'voir. Mais a peut pas empêcher sa fille d'avoir envie d'rencontrer sa mère. T'as des droits, toi aussi.

CHATTE
Si a m'met à porte, a va m'entendre.

AURÉLIE
J'espère... Y fait noir, j'vas allumer O.K.?

CHATTE
Attends!... J'veux t'dire une chose: je l'sais qu'ça t'fait peur que j'parte, que ça t'inquiète, mais que pour rien au monde tu me l'ferais sentir. J'veux t'dire que j't'aime, Aurélie, pis aussi que j'te remercie d'faire ça.

Aurélie n'allume pas. Un temps. On l'entend se moucher.

AURÉLIE
J'ai queque chose pour toi.

CHATTE
Pour ma fête?

AURÉLIE
Non. En fait j'm'étais dit que j'te l'donnerais l'jour où tu voudrais voir ta mère. Une sorte d'introduction à elle pis à toi, comme elle, a t'connaît. J'vas aller te l'chercher.

Elle sort. La Chatte allume la lampe. Aurélie revient, une boîte assez volumineuse dans les mains. Elle la dépose sur les genoux de la Chatte qui l'ouvre. Ce sont des feuilles manuscrites, écrites très serré. La Chatte regarde Aurélie, interrogative, incrédule.

AURÉLIE
Oui, c'est les lettres. Toutes les lettres que j'ai écrites à ta mère. Y en manque deux. Les deux premières. C'est après les deux premières que j'ai pensé qu'a les garderait pas. Alors, j'faisais un brouillon, pis j'le gardais pour toi. Parce que toutes ces lettres-là parlent de toi: ça commence en 60, en octobre, tu faisais déjà tes dents en avance sus tout l'monde, pis la dernière... c'est celle qui annonce la mort de not' père y a trois mois.

CHATTE
Vingt-cinq ans de lettres...

AURÉLIE
Vingt-cinq ans d'ta vie pis d'la mienne racontées à Charlotte. Le seul lien qui a entre nous trois. Tu vas voir, y a des choses très intimes, des bouts durs, des bouts drôles: c'est not' vie. Not' vie à nous deux racontée à ta mère, à ma sœur.

CHATTE
Les as-tu relues, toi?

AURÉLIE
Non, rarement. Des p'tits bouts, des fois, c'est tout.

CHATTE
Y en a combien?

AURÉLIE
J'sais pas. Deux cents, un peu plusse... Y en a des longues, y en a des courtes, j'sais pas: c'est plusse que la moitié d'ma vie qui est là-d'dans.

CHATTE
C'est l'plus beau cadeau qu'tu pouvais m'faire. Jamais j'aurais pensé que t'avais gardé tout ça. J'peux-tu les lire maintenant?

AURÉLIE
Ici?

CHATTE
Oui, ici, avec toi.

Aurélie s'assoit face à elle dans la causeuse.

AURÉLIE
Ça va être tout un marathon! Tu sais, y a une chose constante dans ces lettres-là: j'les ai toutes écrites la nuit. Jamais l'jour. Au début, c'est parce que tu prenais trop d'place le jour; après... c'est parce que j'me sus mis à aimer la nuit.

CHATTE
Comme nous deux: on a toujours parlé la nuit.

AURÉLIE
Oui. J'ai écrit toutes mes lettres ici, la nuit. J'ai jasé avec toi des nuits entières, toujours ici. Pis j'peux t'dire une chose, la Chatte: je l'ai aimée not' vie ensemble.

Elle donne une feuille à la Chatte. Elle en prend une aussi. Elles lisent.

CHATTE
«La Chatte s'est endormie. Elle fait ses dents et souffre ses premières douleurs. Les coliques qui l'avaient épargnée ne lui ont donné aucun entraînement. Et c'est de rage autant que de mal qu'elle hurle. Elle s'étonne, on dirait, qu'un seul de ses cris ne taise ni n'apaise le mal. Elle est bien jeune...»

AURÉLIE
«Ma chère bûcheuse. Toujours la nuit, comme si notre conversation (oui, je sais, j'ai toujours trop parlé et toi pas assez), comme si notre tête-à-tête ne pouvait exister que la nuit, quand cette Chatte si grouillante, si placoteuse, si busy-body s'est endormie, la patte dodue encore sortie des couvertes, prête à aller faire une dernière tournée de jouets avant de se résigner à s'endormir.»

CHATTE
«Je me dis que je t'écris pour le lien entre ta fille et toi et moi, sa fausse mère si vraie. Et je sais que c'est faux. Je t'écris pour ne pas te perdre, parce que tu es si loin déjà, si perdue en fin de compte. Est-ce que l'exil te consolera de quelque chose?»

AURÉLIE
«Cette Chatte, cette merveille qui m'émerveille, me scandalise presque de bonheur, de santé,

cette juteuse petite fille qui se précipite dans la vie comme si ce n'était que du bon...»

CHATTE
«Mais l'exil, quand le mal est connu, quand il est là, au fond de la valise, infroissable, inaltérable, à quoi ça sert? À déplacer le mal avec la valise? À le pousser plus loin?»

AURÉLIE
«Elle a trouvé un nom qui lui convient enfin: Mamélie. Cette championne de la synthèse dit à la fois maman, mamie et Aurélie. Elle te ressemble, la Chatte: elle sait bien qui je suis et qui elle est et elle s'arrange avec le tout.»

CHATTE
«Te souviens-tu quand tu commençais à sculpter, quand tu faisais de drôles de pâtés avec toutes sortes de sables, de terres? Tu disais que c'est laid à première vue, mais qu'après, quand tu l'aurais taponné, travaillé, ce serait très beau. Plus tard, tu m'as dit que c'est avec les pires émotions que tu sculptais et que, plus c'était fort, violent et présent, et plus l'objet sculpté devenait vibrant, signifiant.»

AURÉLIE
«Quelquefois, j'ai si peur que nous nous soyons trompées, que nous ayons provoqué un autre malheur en espérant l'éviter. Quand sait-on ce qu il y a de mieux pour un enfant? L'aimer, est-ce assez?»

CHATTE
«Ta fille, cette Chatte qui grogne des «maman» en mordant tout ce qui tombe sous sa gencive enflée, ta fille qui est aussi ta sœur et ma sœur et bien sûr ma nièce, ta fille faite du malheur qui a cassé net cette fausse famille qu'était la nôtre, est une sculpture d'une grande beauté.»

AURÉLIE
«Et même maintenant, en t'écrivant qu'il faudra bien que tu reviennes, je me mets à te craindre, à douter que tu puisses l'aimer autant que moi. Je ne veux pas que tu me l'enlèves. J'écris cela et je tremble et je suis convaincue que je n'ai aucun droit ni de te menacer comme ça, ni de te faire des ultimatums.»

CHATTE
«Je sais que c'est maintenant, au creux de la nuit, que tu prends le marbre à deux mains et t'entêtes à faire éclater sa violence sans briser sa veine.»

AURÉLIE
«Au fond de moi, je me reprocherai toute ma vie de n'avoir pas vu et pas su t'aider. Je t'ai laissée te briser sans rien voir, sans entendre tes yeux crier. Et je n'ai pas été ta sœur.»

L'éclairage baisse doucement jusqu'au noir.

Quand il revient, c'est toujours le soir. Les marguerites ont changé de pot et grandement diminué de volume. Des bougies sont allumées sur la table basse, il y a des napperons de dentelle, etc. On entend l'«andante» du Concerto à deux chœurs con violino discordato *de Vivaldi (en si bémol). Entre Aurélie, robe noire, sobre et chic, talons hauts. Elle dépose une assiette de crudités et une assiette de saumon fumé sur la table. Elle s'assoit. Il y a une nouvelle lampe dans le solarium: une de ces lampes qui tournent sous l'effet de la chaleur et qui fait bouger ainsi l'image dessinée sur l'abat-jour. Quelquefois, c'est un train qui fume, ou une chute, etc. Aurélie l'allume et la regarde tourner en souriant. Puis, elle prend un céleri. Elle s'arrête, se lève, disparaît dans le salon... et revient en mettant ses «dinner earings». Elle se rassoit, croque le céleri, regarde la lampe, soupire, l'éteint. Elle prend un livre qui traînait, met ses lunettes, l'ouvre, le feuillette, le rejette. Elle s'essaie au saumon fumé. Sans aucun plaisir. Elle ajuste l'éclairage, s'assoit, lisse sa robe. Elle n'arrive pas à trouver ça drôle. Finalement, elle va chercher une revue et s'assoit confortablement, les souliers ôtés. C'est un catalogue de chez Perron. Elle le feuillette et, même ça, elle le dépose sur ses genoux pour penser. Vivaldi est plus fort. Entre la Chatte. Aurélie ne la voit pas. La Chatte observe un peu Aurélie, elle la regarde avec amour, puis elle retourne vers le salon. On entend la porte claquer. Aurélie sursaute, met ses souliers.*

AURÉLIE
La Chatte?

CHATTE
(Qui arrive.) Cout don, m'attendais-tu? T'es ben chic! M'attendais-tu?

Aurélie la prend dans ses bras, la serre très fort, très émue.

AURÉLIE
Mon dieu, qu'chus contente! Mon dieu qu'chus contente!

CHATTE
(Elle rit.) Moi aussi.

AURÉLIE
Assis-toi. As-tu mangé? Viens-tu jusse d'arriver? Y est ben tard! Ça doit être le p'tit matin pour toi?

La Chatte regarde la pièce, fait un peu le tour. Elle dépose une petite boîte sur une table. Aurélie va arrêter le disque.

CHATTE
C'est plus p'tit qu'dans mon souvenir.

AURÉLIE
Comme chaque fois! T'as toujours dit ça en revenant d'vacances.

CHATTE
Ça a changé.

AURÉLIE
Non... c'est ta mémoire.

CHATTE
(Elle montre la nouvelle lampe.) Pis ça? C'pas neuf?

AURÉLIE
C'pas neuf certain! Si y a d'quoi, c'plus ancien qu'le reste. *(Elle l'allume.)* Attends un peu, tu vas voir.

CHATTE
Une lampe qui tourne! Une lampe qui avance! Ça m'faisait-tu assez mourir! Comme chez Françoise Dufresne quand j'tais p'tite.

AURÉLIE
Émile pis Juliette Côté en avaient une avec une marquise sus l'bord d'une chute, tu voulais partir avec à chaque fois qu'on allait chez eux.

CHATTE
Ah oui? Me souviens pas. J'me souviens de celle de chez Françoise par exemple. Qu'est belle!

AURÉLIE
Est pas enveloppée, mais c'est ton cadeau de fête.

CHATTE
Aurélie... t'as dû la chercher.

AURÉLIE
Bof... une quinzaine de jours... j'avais le temps.

Un silence, la Chatte se rassoit. Elle regarde Aurélie.

CHATTE
Où tu vas crétée d'même?

AURÉLIE
Nulle part.

CHATTE
Tu t'faisais un party?

AURÉLIE
J'essayais d'me faire accroire que j'me suffisais à moi-même.

CHATTE
Mmm...

Un temps.

CHATTE
J't'ai pas écrit beaucoup.

AURÉLIE
Les cartes étaient belles.

CHATTE
Les images, oui. Les mots...

AURÉLIE
T'étais en vie, t'allais bien... l'principal.

CHATTE
Même dans l'avion, en r'venant, j'savais pas c'que j'en dirais.

AURÉLIE
Même maintenant?

CHATTE
Oui... même là.

AURÉLIE
Mais tu l'as vue?

CHATTE
Oui. Je l'ai vue.

AURÉLIE
C'est l'principal. L'reste viendra ben.

CHATTE
J'sais pas exactement c'que j'attendais... J'sais pas quoi t'dire, Aurélie.

AURÉLIE
Ben dis rien. T'en parleras quand tu pourras, quand ça viendra. *(Un temps.)* Y a-tu fait beau?

CHATTE
Quinze jours! Collant, chaud, pas t'nable! Y a pas plu une seule fois.

AURÉLIE
Bon. C'est toujours ben ça d'pris.

CHATTE
J'aurais ben voulu qu'y pleuve. On s'mourait d'chaleur. J'sais pas comment c'qu'y font. J'sais pas comment c'qu'a fait. Y a pas d'air. Pis la poussière... la poussière chez eux... ça t'colle la gorge, ça t'rentre din poumons.

AURÉLIE
Dans son atelier?

CHATTE
Mais son atelier, c'est chez elle! C'*p*as séparé. A dort dans poussière, dans la pierre, dans place où a travaille. Pas de différence. C'est jusse une grande pièce, une sorte de hangar d'une pièce, grande pis blanche de poussière. Plein sud en plusse!

AURÉLIE
A s'est pas installée mieux qu'ça? En vingt-cinq ans?

CHATTE
J'sais pas c'est quoi l'souvenir que t'as d'elle, mais c'pas l'genre de femme à s'installer nulle part. Elle, du moment qu'ses monuments sont avec elle...

Aurélie la regarde, étonné et écoute attentivement.

CHATTE
Ben oui, chus choquée! C'est ça qu'j'ai! J'pensais que j'finirais par me déchoquer, en tu cas, avant d'arriver ici au moins... mais non. J'ai ben l'air choquée pour un bout d'temps.

Elle se lève, marche, puis subitement, elle s'arrête.

CHATTE
Veux-tu ben m'dire pourquoi tu l'aimes tant? Qué-cé qu'tu y trouves? Est comme ses ciseaux pis ses marteaux: froide, fermée pis dure. Y a rien qui sort d'elle sauf d'la poussière pis des sculptures. J'peux même pas t'dire si a l'a du talent: je l'sais pas. C'est p'tête ben beau c'qu'a fait, mais moi je l'sais pas.

AURÉLIE
A t'a pas vue? A s'est pas occupée d'toi?

CHATTE
Ah, a m'a vue! A lâché ses instruments, a l'a même failli les échapper. Chus arrivée chez elle, y était une heure. J'pensais crever: c'est haut, c'est loin pis y faisait chaud. J'avais mis ma robe blanche toute r'passée, j'm'étais arrangée. On rit pus: présentation d'la fille à sa mère. Chus arrivée en sueurs, rouge tomate, la robe fripée, collée sus l'dos. A travaillait. Je l'entendais du bas d'la côte. À l'heure où tout l'monde fait la sieste, elle a travaillait. Chus rentrée dans une grande pièce blanche, éblouissante, haute, avec une femme toute p'tite devant un morceau de pierre deux fois plus grand qu'elle. Minuscule dans un pantalon immense pour elle, nus pieds dans des sandales, les cheveux ratapionnés dans une sorte de toquon, les épaules toutes maigres dans une camisole d'homme, presque pas de seins, plus maigre que moi. Tout c'qu'on voit, c'est ses yeux. Ses yeux bruns, presque noirs, pis ses mains. Maganées, fortes pis fines en même temps.

AURÉLIE
Maganée, forte pis fine... elle?

CHATTE
Non, non: ses mains. Ben... elle aussi peut-être, je l'sais pas. A m'a r'gardée un bout d'temps sans rien dire. Pis, crois-le ou non, après son examen, a l'a r'donné un coup ou deux, comme si c'était toute. Comme si j'tais venue là rien qu'pour y servir de modèle ou ben j'sais pas trop, par erreur, là... A s'est remis à faire du bruit pis j'ai crié: «Aye!» A s'est arrêtée, a l'a regardé l'affaire qu'a était en train de faire comme pour s'excuser, pis a s'est en venue proche de moi. J'tais surprise: de proche, y a un air de famille. A l'a sorti un paquet d'cigarettes de ses poches, pis est allée fumer dehors. A s'est assis sus une roche pis a fumait tranquillement. Comme si de rien n'était. Pas pressée, pas impressionnée. J'tais debout à côté d'elle, j'pouvais pas m'écraser par terre dans ma robe blanche, j'me sentais codinde en maudit. On est resté d'même tout l'temps d'la cigarette. J'tais pas capable de parler. Elle, ç'avait pas l'air de presser. À fin, en l'écrasant, a dit: «Quesse tu veux?» J'ai réussi à dire: «Ben...». A s'est levée, probablement éblouie par mon éloquence, pis a m'a dit: «C'est toi qui es venue, tu dois ben avoir de quoi à dire.» Pis est rentrée. Là, chus restée dehors. Y avait comme de quoi qui faisait pas. J'm'étais imaginé qu'ça serait difficile, mais pas tant qu'ça. Chus partie. J'ai descendu c'te côte-là comme si j'sortais d'chez l'yable. J'ai toute faite ma valise, j'ai pris une douche, j'ai remis mes culottes pis j'ai pris une bière au bar en bas d'l'hôtel en cherchant oùsque j'pourrais ben aller asteure que j'avais réalisé mon rêve. C'est là qu'est arrivée. Même kit que dans son atelier: pantalons trop grands pis crasseux, mais, y faut ben l'dire, a réussissait à avoir du style pareil. Personne avait l'air surpris d'la voir. A l'a mis une bouteille de blanc sus a table, deux verres, pis a s'est assis en disant qu'a m'aimait

mieux en pantalon. A m'a regardée, a encore allumé une cigarette pis a m'a dit que j'pouvais y aller pis y faire toutes les reproches que j'avais ramassés pour elle en vingt-cinq ans. Pis particulièrement les cinq dernières heures. Elle a une voix basse... la poussière ou ben les cigarettes, j'sais pas, une voix rude, vraiment belle. On dirait qu'a crache ses mots en français. En italien, quand a parlait au serveur ou à du monde qu'a connaît, on dirait qu'a chante avec une voix de basse. Si j'avais su parler italien, j'pense qu'on aurait pu s'dire queque chose.

AURÉLIE
Tu y as rien dit?

CHATTE
Quesse tu veux dire à quequ'un qui te demande des reproches quand c'est justement rien qu'ça qu't'as dans tête? J'y aurais pas faite le plaisir d'y reprocher queque chose certain! A m'a dit au bout d'une demi-heure: «Si j'avais eu queque chose à t'dire, j'serais allée t'voir. Si t'es venue, tu dois ben avoir de quoi à dire.» Mais j'avais pus rien à dire. J'ai dit, avec l'air le plus têtu qu'tu m'connais: «Chus venue vous voir, pas vous parler.» Est partie à rire. Vous! J'y avais dit vous! Pis elle, a riait. On aurait dit une corneille ou ben un corbeau qui essaye de rire. Hé, qu'je l'haïssais! J'aurais ben voulu me lever, pis partir, mais j'pouvais pas. On aurait dit qu'y fallait que j'reste là, à subir ça. A m'a dit: «Y a-tu ben neigé l'hiver passé?» J'pensais qu'a était folle. On était là, écrasées d'chaud en Italie, pis a m'demandait si y avait neigé pas mal à Montréal l'hiver passé. J'ai dit: «Pas mal, oui», pour répondre queque chose. Pis a s'est mis à m'dire qu'la neige, c'tait la première affaire qu'a l'avait sculptée. Que quand a était pas assez collante, a crachait

d'dans pour pouvoir faire de quoi avec. Qu'a était obligée d'travailler p'tit parce que ça prenait d'la salive. Que ses mitaines étaient toutes raides pis qu'à fin, pour la finition, a les enlevait, pis a profitait d'la chaleur de ses doigts pour faire fondre pis sculpter. A m'a dit qu'a t'avait déjà faite cracher toute un après-midi pour te faire un oiseau en neige.

AURÉLIE
C'est vrai. J'tais sa meilleure cracheuse.

CHATTE
J'tais sûre que tu l'avais faite! C'est ça qu'j'y ai dit. Tu vois Aurélie, c'est encore toi qui as sauvé l'affaire. C'est quand a l'a parlé d'toi que j'me sus déchoquée. J'te voyais cracher sus l'oiseau en neige... j'y ai d'mandé si c'tait une mésange. A m'a dit que c'tait un gros-bec.

AURÉLIE
C'est vrai. Un gros-bec qu'on a installé sus l'barreau d'la galerie. A l'aurait ben voulu l'colorer jaune! Y est resté là au moins deux mois.

CHATTE
Ouain... l'histoire de l'oiseau, ça a été not' meilleur boutte. Vers neuf heures et demie, a s'est planté une cigarette dans l'coin d'la bouche, a s'est levée pis a dit qu'a travaillait d'bonne heure le matin. Pis est partie. Pas d'question, pas d'invitation. C'tait toute! Ma mère avait fait ma connaissance. Pis moi, j'avais faite celle de ma mère! C'tait pas un hit.

AURÉLIE
Est tellement imprévisible...

CHATTE
Tu penses? Moi, j'la trouve très prévisible. J'tais sûre que l'lendemain, a serait pas plus drôle. Pas

plus intéressée par moi que par n'importe quelle touriste. Pis c'tait exactement ça. Parce que j'ai pas pu m'en empêcher, y a fallu qu'j'y r'tourne. Que j'vérifie si c'tait ben ça, si ça finissait là. Pis c'est ça, ça finit là. En dix jours, a m'a jamais parlé d'moi, pis j'y ai jamais parlé d'elle. Me sus assis dans poussière pis j'l'ai r'gardée fesser pis s'battre avec son marbre. C'est tout. Un cours de sculpture en Italie. (Un temps.) J'la regardais transpirer pis faire comme si j'tais pas là même si j'tais là. Pis j'essayais, j'essayais j'te jure, j'essayais d'comprendre. Pourquoi a m'parlait pas? Pourquoi a m'demandait rien? Pourquoi a m'aimait pas? Pourquoi moi, y fallait que j'comprenne pis qu'elle a s'forçait pas? Pourquoi tout l'temps les mêmes? Pis j'avais pas d'réponse. Jusse c'te femme-là qui était ma mère depuis vingt-cinq ans pis qui, depuis vingt-cinq ans, essayait d'l'oublier. Pis un moment donné, quand j'ai arrêté d'attendre queque chose d'elle, quand j'ai été ben déçue, j'ai découvert que j'étais soulagée. Que dans l'fond, ça m'faisait plaisir qu'a soye de même. Parce que j'avais eu raison de pas l'aimer... J't'ai jamais dit ça, Aurélie, mais j'l'haïssais en maudit ma mère. J'faisais semblant d'la trouver l'fun quand t'en parlais, mais je l'ai jamais aimée. Je l'ai toujours jugée pis détestée. J'y en ai toujours voulu d'm'avoir crissée au bout d'ses bras sous prétexte que j'tais l'enfant du malheur. Par chance que l'bout d'ses bras, c'tait toi. Mais elle, elle avec son drame pis son exil, a m'a toujours écœurée. Pis j'me sentais ben coupable d'y en vouloir de même. Comme à Gaétan quand y est parti. Mais lui au moins, j'ai pu l'faire chier chaque fois que j'l'ai vu. Elle, a était trop loin, a s'tait mis loin d'sa p'tite fille sans cœur. Ben sa p'tite fille, c'tait pas beau c'qu'a l'avait dans son cœur. Pis si chus partie pour la voir, c'est parce que j'ai eu peur de l'aimer sans l'savoir, d'la désirer plusse que toute pis de déguiser ça en reproches parce que j'pouvais pas l'avoir. J'ai eu assez peur de m'mettre à l'aimer pis à m'en vouloir de l'avoir haïe d'même. J'avais peur de trouver quelqu'un d'autre que toute c'que j'm'étais imaginé. Quelqu'un que j'aurais apprécié, qui m'aurait montré que j'avais été injuste pis cruelle... Pis tu sais Aurélie, c'est c'que t'as dit d'ton père qui m'a ébranlée. Enfin... de not' père quand y est mort. Quand t'as dit que toi, tu l'aimais pis qu'tu t'étais forcée à l'haïr dans ta tête à cause de ma mère.

Ben moi, j'haïssais ma mère parce qu'a était pas ma mère, pis j'faisais semblant d'la trouver correque. Assis dans son atelier, j'ai eu l'temps d'penser en masse, c'pas ses questions qui m'dérangeaient! Une étrangère... ma mère était une étrangère que j'dérangeais. Pis moi, c'qui m'dérangeait, c'est qu'ça soye elle, ma mère. J'avais pas envie d'être sa fille, d'y ressembler un jour, d'être comme elle. On était quitte... chus partie.

AURÉLIE
Comme ça? Y as-tu dit?

CHATTE
Aurélie: c'est toi qui l'aimes. C't'à toi qu'ça fait queque chose qu'a soye loin. Dans tes lettres, c'qui était beau, c'tait toute l'amour que tu réussissais à y donner, malgré son silence, pis son absence. C'est *toi* qui es capable d'aimer, Aurélie, pas elle. C'est toi qu'j'aime parce que c'est avec toi qu'j'ai des liens. C'femme-là a rien à faire de moi, pis moi rien d'elle. Pis c'est triste jusse pour toi. Parce que t'es la seule à nous aimer toutes les deux. C'est toi la vraie mère. Nous deux, on est tes filles.

AURÉLIE
Mais tu y en veux-tu encore?

CHATTE
J'm'étais imaginé qu'ça serait quelqu'un d'important jusse parce que c'était ma mère. J'viens d'son ventre, mais j'ai grandi avec ton cœur pis tes bras. C't'avec toi qu'j'ai grandi pis qu'j'ai appris.

AURÉLIE
Pis c'est moi qui t'forçais presque à l'aimer sans la connaître...

CHATTE
Oublie pas qu'y a beaucoup d'choses que t'aimes que j'ai appris à aimer. Ç'aurait pu marcher... A m'a donné queque chose pour toi. Tu vois, a s'est pas trompée: j'me suis levée vers cinq heures à fin d'la journée, j'allais partir. A m'a arrêtée, a m'a dit: «Tu pars? J'voudrais t'donner queque chose pour Aurélie.» A savait que je r'viendrais pas. A m'a donné une boîte marquée «Fragile» pis a m'a dit: «Ciao, ma fille. Si jamais tu t'choques encore contre moi, essaye de penser que j't'ai donné c'que j'avais d'mieux. J't'ai donné ma sœur. La piú cara del mondo.» Pis là, j'pense qu'on était d'accord. Chus partie. *(Un temps.)* Mais j'ai r'gardé sa sculpture avant d'partir.

Elle se tait, comme devant la sculpture.

AURÉLIE
C'tait beau?

CHATTE
Non... Oui. J'sais pas. C'tait un homme, vieux, avec un visage triste, pis des yeux... On com-

mençait à voir ses épaules se dégager d'la pierre, comme si y sortait d'une falaise de marbre. Comme si y était vaincu pis qu'y sortait d'un tombeau. J'ai regardé ma mère. A le r'gardait pis ses yeux étaient aussi tristes que ceux de l'homme. Ses yeux étaient exactement les mêmes. C'tait not' père. Pis là j'ai compris qu'j'y avais servi d'modèle assis dans poussière de l'atelier. Je l'ai compris parce qu'on a les mêmes yeux. Tous les trois. Les mêmes yeux. Y a jusse toi qui as les yeux bleus. Tu vas m'trouver folle, mais tout c'temps-là, j'avais toujours pensé que j'avais tes yeux. Les tiens. Pis j'ai les leurs. C'est ça qu'j'ai appris en Italie: j'ai les yeux d'mon père pis d'ma mère.

AURÉLIE
J'pense que t'en as appris plus long qu'ça.

CHATTE
Peut-être... Ça va finir par sortir un jour... comme c't'homme-là qui sortait du marbre.

Elle se lève, va chercher la petite boîte pour Aurélie. Elle la lui donne.

CHATTE
Si j'ai pas d'enfant, j'vas-tu pouvoir te donner ma «dinner ring»? T'es la seule personne vraiment précieuse que j'connais. J'pensais la donner à ma mère, mais chus revenue avec.

AURÉLIE
(Elle prend la boîte.) J'te dis qu't'es pas au bout d'tes peines. Tu vas avoir des enfants parce que ça m'tente de catiner. Pis on sait pas c'que tu vas finir par penser d'ta mère. T'as pas toute digéré.

CHATTE
(Pour changer le sujet.) Tu l'ouvres pas?

Aurélie ouvre la boîte. Elle contient un oiseau, très beau, très fin, délicat. Sculpté et coloré. Un oiseau magnifique et très petit. Aurélie prend une lettre au fond de la boîte. La Chatte regarde l'oiseau pendant qu'elle lit. Elle allume la lampe qui tourne, la regarde. Aurélie retire ses lunettes, plie la lettre, émue.

AURÉLIE
Veux-tu lire?

CHATTE
Non. Toi, lis-la.

AURÉLIE
(Elle remet ses lunettes.) «Un oiseau d'Italie pour toi qui aimes les gros-becs jaunes. Écris-moi encore. Écris-moi toujours. Tes lettres sont mes larmes et ce qui me reste de cœur. Laisse cette jeune beauté sauvage me détester tant qu'elle en a besoin. Je l'ai bien mérité. Notre fille à toutes les deux est, comme tu l'as toujours dit, une merveille. Merci à toi et ne deviens jamais un oiseau: les être humains démunis comme moi ont besoin de ton cœur. Aurélie, ma sœur, je t'aime. Charlotte.»

On entend la voix de Charlotte redire la dernière phrase après Aurélie, puis la fin de l'«andante» du concerto de Vivaldi. Pendant que les lumières baissent jusqu'au noir, il n'y a que la lampe de la Chatte qui tourne, tourne, tourne.

Fin

Marie Laberge

Aurélie, ma sœur

Dossier

Quand Aurélie, ma sœur *a cessé d'être une vague réflexion et que les personnages se sont imposés à moi, je savais qu'il était temps de me mettre à l'écriture. À cette époque, je faisais une mise en scène et mon horaire trop chargé ne me permettait pas d'écrire à plein temps (ce qu'exige une pièce) avant quelques mois. Pour tromper mon attente, me permettre de patienter et demeurer en contact avec Aurélie, je me suis mise à rédiger les lettres que j'imaginais qu'elle écrivait à sa sœur.*

Un peu plus tard, en écrivant la pièce, j'ai puisé dans ces lettres pour les extraits de la nuit 5. Mais je ne les ai jamais montrées intégralement, même si je les considère importantes. Les voici.

M. L.

Les lettres d'Aurélie

Octobre 1960

Ma chère, ma belle à moi.

La Chatte s'est endormie. Elle fait ses dents et souffre ses premières douleurs. Les coliques, qui l'avaient épargnée, ne lui ont donné aucun entraînement. Et c'est de rage autant que de mal qu'elle hurle. Elle s'étonne, on dirait, qu'un seul de ses cris ne taise ni n'apaise le mal. Elle est bien jeune et en sait bien peu encore de la vie.

Maintenant c'est la nuit dans cette maison où ronronne le frigo qui aurait bien besoin d'un ajustement. La nuit presque silencieuse.

Je t'imagine mieux la nuit. Dans le calme de mon salon, avec ce relent d'été qui entre par la fenêtre encore ouverte (oui, je vais m'obstiner jusqu'en octobre! Je trouve indécent de fermer une fenêtre dès septembre. L'été n'a qu'à continuer, ce n'est pas moi qui me replierai la première!). Te souviens-tu de nos chicanes, de nos engueulades éternelles quand on partageait la même chambre? «J'ai froid, ferme la fenêtre.» «Eh qu't'es mémère, endure-toi un peu, on crève!» Et au milieu de la nuit, à cette heure-ci pratiquement, tu murmurais: «Là, j'te jure, j'm'endure pus pantoute.»

Je t'entendais à peine, profondément endormie dans ma victoire. Le matin, je me réveillais à l'aube, en sueur et, moi non plus, je ne m'endurais plus. C'est pour cette raison qu'on nous a séparées. Et, je peux bien te l'avouer, Gaétan et moi on a bien souvent passé une partie de la nuit à discuter des avantages et des méfaits de l'air frais de septembre.

Les érables à Giguère sont rouge feu, les jours raccourcissent, la noirceur tombe de plus en plus à bonne heure et tu me manques.

Je me dis que je t'écris pour le lien entre ta fille et toi et moi, sa fausse mère si vraie. Et je sais que c'est faux. Je t'écris pour ne pas te perdre, parce que tu es si loin déjà, si perdue en fin de compte. Est-ce que l'exil te consolera de quelque chose? Est-ce que l'Italie te permettra d'oublier? Est-ce mieux d'oublier? Tu ne répondras pas à ces questions-là, je le sais, je te vois sourire avec ton air mystérieux, ton air de savoir sans te bâdrer de répondre, ton air à toi qui me manque plus que tes réponses.

L'exil, ma sœur manquante, ça aide peut-être à survivre au pire quand il n'est pas encore là, pas encore arrivé. Mais l'exil, quand le mal est connu, quand il est là au fond de ta valise, infroissable, inaltérable, à quoi ça sert? À déplacer le mal avec la valise? À le pousser plus loin? Je ne comprendrai peut-être jamais le pourquoi de ton exil (ou plutôt le pourquoi de sa nécessité) mais je sais bien que c'était la seule manière de faire face au mal. De continuer à vivre.

Gaétan a acheté un disque de Vivaldi pour moi. Présentement, c'est tout ce que je sais de l'Italie en dehors du fait que ça a la forme d'une botte et que le haut de la botte te contient.

Si l'Italie est comme cette musique, je conçois alors qu'on puisse y tenter de se priver d'une beauté comme ta fille. Et je ne le dis pas parce que je l'aime ou pour te raconter des histoires. Elle est belle. Malgré toute la laideur d'où elle vient, elle est belle.

Te souviens-tu quand tu commençais à sculpter, quand tu faisais de drôles de pâtés avec toutes sortes de sable, de terre? Tu disais que c'est laid à première vue mais qu'après, quand tu l'aurais taponné, travaillé, ce serait très beau? Plus tard, tu m'as dit que c'est avec les pires émotions que tu sculptais et que, plus c'était fort, violent et présent et plus l'objet sculpté devenait vibrant, signifiant.

Ta fille, cette Chatte qui grogne des «maman» en mordant tout ce qui tombe sous sa gencive enflée, ta fille qui est aussi ta sœur et ma sœur et, bien sûr, ma nièce, ta fille faite du malheur qui a cassé net cette fausse famille qu'était la nôtre, est une sculpture d'une grande beauté.

Une belle œuvre, vivante, vibrante et digne d'être aimée. Parce que rien en elle ne rappelle ses origines torturées. Elle existe, elle est, elle crie, elle gazouille et fait tous les temps et je l'aime.

Elle est comme toi: elle prouve que des sentiments les plus violents peuvent surgir la beauté et l'harmonie. Je n'ai jamais revu notre père à nous toutes et je te jure qu'ici, elle est à l'abri de lui. Comme toi, je l'espère en Italie où un prêtre roux a inventé, pour des orphelines, les musiques les plus bouleversantes.

Peut-être la nuit est-elle plus douce là-bas... je te le souhaite, parce que je sais que c'est maintenant, au creux de la nuit, que tu prends le marbre à deux mains et t'entêtes à faire éclater sa violence sans briser sa veine.

Je t'aime ma sœur et je prends bien soin de la Chatte, cette jeune beauté qui va bientôt apprendre à mordre comme sa mère. Avec de petites dents bien pointues que je sens déjà percer quand je glisse mon doigt sur ses gencives dangereuses. Je te souhaite de voir poindre, de la même manière, ce que tu cherches si intensément dans le marbre.

Ta sœur, Aurélie

* * *

1962

Ma chère bûcheuse — Toujours la nuit, comme si notre conversation (oui, je sais, j'ai toujours trop parlé et toi, pas assez), comme si notre tête-à-tête ne pouvait exister que la nuit quand cette Chatte si grouillante, si placoteuse, si busy-body s'est endormie, la patte dodue encore sortie des couvertes, comme prête à aller faire une dernière tournée de jouets avant de se résigner à s'endormir.

Cette Chatte, cette merveille qui m'émerveille, me scandalise presque de bonheur, de santé, cette juteuse petite fille qui se précipite dans la vie comme si ce n'était que du bon pain! C'est une bûcheuse elle aussi, tu sais. Quelquefois, c'est saisissant comme elle te ressemble: ce petit air décidé quand elle s'accroche à la balançoire en hurlant: encore!... même si ses mains disent qu'elle crève de peur. Le courage de la Chatte ne cesse de m'étonner.

Elle a trouvé un nom qui lui convient enfin: Mamélie. Cette championne de la synthèse dit à la fois maman, mamie et Aurélie. Elle te ressemble, la Chatte: elle sait bien qui je suis et qui elle est et elle s'arrange avec le tout.

Est-ce que tout est bien comme ça? En es-tu sûre, ma sœur? Quelquefois, j'ai si peur que nous nous soyons trompées, que nous ayons provoqué un autre malheur en espérant l'éviter. Quand sait-on ce qu'il y a de mieux pour un enfant? L'aimer, est-ce assez? Moi, suis-je suffisante? J'ai peur qu'un jour elle souffre de tout cela. Oh, pas de sa naissance, ça, on n'y peut rien, le mal est fait et bien fait, comprends-moi bien, mais de ce qui a suivi sa naissance. Et tu sais, je ne m'inquiète pas aux heures graves, aux heures d'angoisse véritable, comme quand elle a eu sa varicelle compliquée d'une bronchite. Non, bêtement, ridiculement, c'est le jour où elle s'est égratigné (égrafigné qu'elle dit) le genou, le jour où elle a enlevé elle-même le plaster, fière d'être son propre médecin, et le jour où, même si elle avait peur, elle a flatté un chien beaucoup plus gros qu'elle et que, le voyant faire le beau, elle m'a regardée avec une étincelle de toute-puissance dans l'œil! C'est là, à ces moments-là que j'ai envie de te dire: «Viens, tu ne pourras que l'aimer, que l'adorer», c'est à ces moments-là que les questions pesantes se posent.

Et je me dis qu'on aurait dû faire confiance à la Chatte. Que plus le temps passe et plus ce sera difficile pour toi de revenir et de prendre ta place. Je parle de ta place de mère. Je parle de ma place.

Je vais être très honnête: je me sens sa mère, je l'aime, la console, la protège, l'aide et lui nuit comme si j'étais sa mère. Et les années vont approfondir ce sentiment. Ce qui, au début, a été fait pour toi, pour t'aider, je ne le fais plus que pour elle. Et même maintenant en t'écrivant qu'il faudra bien que tu reviennes, je me mets à te craindre, à douter que tu puisses l'aimer autant que moi. Je ne veux pas que tu me l'enlèves. Et pourtant, c'est une personne qui a droit à sa mère. Mais voilà: c'est plus fort que moi, c'est viscéral, si tu reviens, il faudra que ce soit vite et bientôt et armée d'arguments puissants pour me faire partir ou alors pour la voir partir.

J'écris cela et je tremble et je suis convaincue que je n'ai aucun droit ni de te menacer comme ça, ni de te faire des ultimatums. Mais je ne vois pas d'issue: si tu reviens la chercher pour l'emmener loin de moi, je te haïrai. Je ne pourrai jamais te pardonner de nous faire ça à toutes les deux. C'est injuste, irraisonnable et je sais bien que c'est ta fille, mais c'est comme ça. Je voudrais te demander aujourd'hui, alors qu'elle a seulement deux ans, qu'elle trottine d'un tiroir de cuisine à l'autre sans pouvoir atteindre le troisième, celui des ustensiles qu'elle convoite tant, je voudrais te demander de me jurer que, même si tu reviens, tu ne nous sépareras pas pour de longues périodes. Cela, pour me permettre de continuer à l'aimer, à l'élever, sans me sentir menacée à chacun de ses anniversaires comme si un décompte secret se faisait dans mon dos. Et aussi pour me permettre d'espérer ton retour avec franchise, sans cet affolement du cœur qui me saisit à chaque fois que j'y pense.

Tu es loin, ma sœur, cette Italie que tu dis douce et clémente, cette Italie de rêve qui ressemble à des photos de calendrier ou à des décors d'opéra, cette Italie n'arrive pas à exister pour moi. Tu me manques, parce que le soir j'aurais envie de parler avec toi ou de me taire avec toi en regardant tes mains caresser un objet que tu aimes ou qui t'achale et que tu hésites à détruire pour le refaire. Tu me manques dans cette façon si particulière que tu as de parler, comme si les mots étaient des roches qu'il fallait arracher avant de les lâcher. Tes mots rares, parcimonieux... Tes lettres ressemblent à des télégrammes. Et encore: des télégrammes faits par une sœur économe! Je ne sais si tu vas bien qu'au nombre de pièces que tu dis avoir réussies. Alors, je sais. Je vois ton sourire quand tu formes le 3 et cet air bûté et désespéré du: «rien de bon ce mois-ci». Rien de bon! Je voudrais bien voir les débris! Tu es si violente quand la perfection n'atteint pas le point que tu désires. Si implacable.

Je vais te dire: j'ai toujours eu peur que tu t'arrêtes un jour, me regardes comme ces objets sortis de tes mains, de ton ardeur et que tu dises entre tes dents: «non, c'est pas ça.» juste avant de me rejeter pour toujours. Subir le sort de tes œuvres quand elles ne «répondent» pas. Et pourtant, tu ne m'as jamais regardée comme ça. Toujours cette attente au fond de l'œil, cet appel que j'aurais dû comprendre, deviner, entendre.

Je ne t'ai pas entendue, ma sœur, et j'en garderai toujours un remords effrayant.

Peu importent mes raisons, les cent mille bonnes raisons qu'on a toujours de ne pas voir. Au fond de moi, je me reprocherai toute ma vie de n'avoir pas vu et pas su t'aider. Toi, dont les yeux sont si précieux, dont le regard est si précis, si net, je t'ai laissée te briser sans rien voir, sans entendre tes yeux crier. Et je n'ai pas été ta sœur.

Et aujourd'hui, quand je me vois aimer ta fille et quasiment te la voler en te remplaçant, je ne voudrais pas te trahir encore. Je crois que je n'y survivrais pas. Je sais: tu m'as dit m'avoir pardonné puisque tu n'avais jamais vraiment demandé, mais tu sais bien que c'est moi-même qui ne me pardonne pas. Toi qui es si dure, si exigeante, si sévère pour toi-même, tu dois savoir de quoi je parle.

Rien en moi ne consent à l'indulgence devant ce qui s'est passé. Sans remuer tout ça, il y a dans ma vie un poids que je porterai toujours, comme on porte son âge, son corps, ses angoisses, un poids dont je ne pourrai jamais me délester: je ne t'ai pas secourue. Je n'ai pas entendu que tu avais besoin de moi.

Et maintenant, avec la Chatte, je m'aperçois qu'il ne faut plus vivre sans indulgence à l'égard de soi-même et j'essaie de savoir, maintenant, qu'il y aura encore dans ma vie des jours de surdité émotive. Et qu'il me faudra bien me les pardonner à moi-même si je veux arriver à entendre encore. Et à aimer.

Je refuse de me souvenir seulement de mes manques et du sentiment qui m'habite alors quand je me souviens de toi. J'essaie de me donner une chance. Que je m'en veuille ne t'apporte et ne corrige rien. Un été de pluie ne se corrige pas par un automne flamboyant. Il s'oublie un peu mieux, c'est tout.

Crois-moi, je n'aime pas ta fille pour me faire pardonner mon aveuglement sur son père. Elle existe si fort toute seule. Si formidablement.

Tu as dit un jour — il faisait gris et brumeux et tu étais assise là, dans le fauteuil rose avec cette lampe qui rendait ton ventre presque monstrueux —, tu as dit doucement: «Je ne veux pas le voir. Jamais. Quand il sera sorti de moi, prends-le et mets-le à l'abri. Ne me laisse pas l'approcher.»

J'ai pensé, bien sûr, que tu redoutais presque de le tuer comme tu détruis les pièces inachevées ou imparfaites. J'ai pensé que tu haïssais tant sa source que tu pourrais risquer de le déchiqueter de tes mains, cet enfant.

Aujourd'hui seulement l'idée me vient que tu redoutais peut-être de l'aimer.

Aurélie

* * *

1963

Ma si loin, si lointaine.

Depuis deux jours, j'hésite beaucoup à t'écrire. Et pourtant, je ne pense qu'à ça. Depuis deux jours, je reste indécise, pensive, presque figée dans mon salon. Et ce n'est pas la Chatte. Elle va très bien, ne t'inquiète pas, elle est en forme. Non, c'est moi. Moi et Gaétan. Quelle bizarre d'habitude j'ai prise depuis trois ans de t'écrire comme ça la nuit. J'en ai fait une sorte de retraite, ma façon de réfléchir, de te retrouver mais de me retrouver aussi. T'écrire me permet de savoir ce que je pense finalement. Comme si y arriver toute seule, sans témoin privilégié m'était impossible. Vois-tu, même loin, même au bout du monde comme tu es (parce que pour moi, c'est le bout du monde), tu m'interdis de mentir, de chercher des faux-fuyants ou de m'appesantir sur le futile et l'inutile. Toujours cette même exigence que tu as pour toi et qui s'impose pour moi dans nos rapports. Ton intégrité déteint sur moi quand je m'adresse à toi. Je crois que je ne pourrais pas te mentir. En tout cas, pas sans me mentir à moi-même. Si je t'abuse un jour, ce sera que je me serai moi-même abusée.

Je ne t'ai jamais beaucoup parlé de Gaétan, parce que mon vrai propos dans ces lettres, c'est la Chatte. Mais ce soir, cette nuit, il faudra bien parler de cet homme qui est mon mari depuis sept ans. Il pense à me quitter. À partir, à vivre loin de moi, sans moi. Sans haine, sans rancune, avec cette sorte d'attendrissement pitoyable, il m'a avoué croire en aimer une autre. La formule est de lui tu penses bien! Quelle réaction étonnante il a eue: il se tourne vers moi pour que je l'aide à savoir, à découvrir qui il aime et avec qui et de quelle façon il veut vivre! Je dois avouer qu'il m'a presque remis le problème entre les mains. Comme un article trop encombrant qui l'empêche de respirer à l'aise. Et je dois dire que depuis deux jours, j'ai plutôt l'impression de me tenir debout dans le salon avec le paquet encombrant dans les mains, incapable de m'en débarrasser ou de faire quoi que ce soit avec.

Je crois que je suis insultée. Ce qui me choque encore plus. Je préférerais être blessée, déchirée, mais non! Je suis carrément outrée, d'être celle par qui viendra la réponse. Je n'ai rien fait, rien comploté, je n'aime personne d'autre et je dois tout de même décider si je trouve sa passion ou son «égarement» trop encombrants à mon goût!

Tu sais comme je déteste la lâcheté. Le courage est vraiment ce qui force le plus mon admiration chez les gens. Et je suis bien obligée de me rendre compte que mon époux n'est pas un modèle de courage ou même d'honnêteté. Oh, pas que je tienne à le savoir à tout prix! Non. Mais du moins, qu'il me l'annonce parce qu'il sait ce qu'il fait, ce qu'il veut. Pas pour que je l'aide à décider! Cette façon de faire m'empêche de me poser les questions essentielles, cruciales: est-ce que je l'aime? Est-ce que, moi, je veux demeurer avec cet homme-là? Pour l'instant, je ne ressens rien d'autre qu'un certain dégoût pour sa mollesse et son air de coupable égaré à la recherche d'un confessionnal.

Je suis sûre que relire cette lettre va me convaincre de ma dureté et de mon manque d'amour. Honnêtement, je suis trop blessée pour être amoureuse. Et ce n'est pas l'orgueil. Je te le jure.

C'est une sorte de déception, un goût amer. Je n'aime pas la banalité et je trouve Gaétan banal. Ce n'est pas vrai j'aurais préféré être trompée avec plus d'envergure, plus de panache. Ce n'est pas« banal» le mot qui me vient, c'est «minable». Faut-il être une épouse médiocre pour qu'un homme aille se divertir sans chercher plus loin que son assistante. L'assistante couche avec le dentiste après les heures de bureau! Il fait ses plombages gratuitement. Vraiment!

J'aurais voulu élever la Chatte dans une ambiance plus relevée, je l'avoue. J'aurais voulu faire mieux, je l'avoue bien humblement. Je me pensais plus fine, plus spéciale que ça.

Je ne te raconterai pas ma vie de couple avec les détails croustillants et les lamentables, n'aie pas peur. Je crois que je suis une piètre amante qui prend son élan quand c'est trop tard, qui ne comprend jamais quand c'est le temps d'être aguichante et quand c'est mieux de laisser tomber. À contretemps, je dirais, et quasiment gênée d'éprouver du désir tellement il est mal venu et mal présenté. La triste moyenne des femmes qui «connaissent rien là-dedans» et qui s'essayent avec trop d'ardeur et de gaucherie parce que trop rarement. J'ai un peu peur de te parler de sexe. J'ai toujours l'impression que ce devrait être un sujet clos entre nous deux. Et en même temps, j'en ai besoin. Parce que si ce n'est pas à toi, à qui pourrai-je en parler? Pas à ma belle-sœur certain! Elle sent encore la boule à mites comme si on n'avait rien inventé depuis pour lutter contre les mites! Et puis, ce n'est pas ma sœur...

Toi qui ne me parles jamais de ta vie sentimentale ni sexuelle, peux-tu m'aider, me dire ce qu'il faut faire? Pas ce que j'aurais dû faire ou dire (d'ailleurs, même maintenant je ne le sais pas. Gaétan dit «qu'il n'a aucun reproche à me faire», ce qui me glace de terreur et d'appréhension: s'il ne peut en formuler aucun, imagine comme ils doivent être énormes, ses reproches! Moi, j'en ai des pages et des pages, surtout depuis que je sais pour l'assistante!) mais ce que je devrais maintenant dire ou faire...

Après avoir longuement pensé pendant une nuit et hésité entre le meurtre pur et simple (et pas si passionnel que ça) et l'inévitable scène de supplique, je me suis vue lui faire une petite valise proprette au petit matin, et lui écrire qu'il pouvait aller réfléchir ailleurs et revenir si l'issue de sa réflexion m'était favorable. J'ai inscrit qu'alors, je pourrais décider si vivre avec lui m'intéressait toujours.

Une lettre fraîche, nette, précise, sans faute d'orthographe et sans de «mon chéri». Une lettre bien menteuse. Depuis qu'il a pris la valise et la lettre (avec un air de condamné sans preuve), je tourne sur place dans le salon et je n'arrive pas à comprendre ce qui m'arrive. J'ai écrit ça! J'aurais pu faire tout autre chose. J'ignore ce qui m'a fait agir. J'avance dans le brouillard le plus complet. Mais je dois bien me rendre compte que quelque chose est miné dans cette confiance bon enfant (et un peu idiote, avouons-le) qui m'habitait.

Ça fait deux fois dans ma vie que je me laisse surprendre par la réalité. Les agissements de notre père m'avaient échappé et ceux de Gaétan aussi. Je me dis donc que je suis assez incompétente pour ne jamais rien comprendre des mécanismes sexuels des hommes. Alors, la confiance qui est minée, ce n'est pas celle que j'avais en Gaétan, c'est la mienne dans ma faculté de percevoir *ce qui est* et ma propension à occulter ce qui me dérange.

Je n'aime pas ça. Ça ressemble dangereusement à une forme de lâcheté.

Deux fois en quatre ans que je reste saisie devant ce qui est, comme si le décor qui recouvrait des ruines venait de s'écrouler. Deux fois qu'impuissante, je sors mon balai et ma pelle à poussière, comme une ménagère primaire. Je hoche même la tête d'un air dépassé! Et j'ose dire que ces hommes sont méprisables! Non, ma sœur, je ne suis pas fière de moi ce soir.

Et quand la Chatte me voit rater le Jello et me dit: «Quesse-tu fais, donc?» d'un air d'adulte découragé par la maladresse de la débutante, je me dis que je ne le sais vraiment pas. Et je te l'avoue: ta fille est entre des mains douces mais molles et je ne suis pas sûre du tout d'être la personne la plus indiquée pour élever une petite fille si fine, si intelligente.

Toi qui as compris beaucoup plus de la vie que moi, beaucoup plus vite et avec beaucoup plus de souffrances, je t'en prie, sois indulgente pour ta sœur qui va t inonder de ses lettres pour arriver à comprendre ce qui lui arrive. Si je n'avais pas eu si peur, c'est ma valise que j'aurais faite et non la sienne. Et, avec la Chatte, j'aurais été en Italie la lointaine, dans tes bras, pour me consoler et peut-être comprendre.

Mais tes bras ont porté des fardeaux plus lourds dans leur vie et je crois qu'ils ont droit à une pause. Je ne sais pas s'ils me serreront jamais encore, mais ce soir je vais m'endormir en y rêvant.

Ce sera la seule façon de m'endormir.

Ta sœur exilée en plein chez elle.

Aurélie

* * *

Novembre 1963

Ma si proche malgré l'éloignement.

As-tu remarqué comme une pièce bien connue change d'allure et de personnalité quand quelqu'un part? Depuis que Gaétan a pris sa petite valise et ma lettre, depuis cinq jours donc, ma chambre ne ressemble plus à ma chambre. J'ai dû déménager. Après les deux premières nuits à écouter la pénombre entrer par la fenêtre du salon, j'ai réessayé le lit conjugal pour m'enfuir aussitôt. Le miroir est trop haut, la commode est laide, rien de réconfortant ou d'amical sur les murs: cette chambre est le triste reflet de ma désolation. Même le fait de pouvoir ouvrir la fenêtre en plein novembre ne m'a pas apaisée: j'ai eu froid, ma sœur! Quelle ironie, j'ai eu froid! Et je suis allée me réchauffer le cœur et l'âme en regardant la Chatte dormir. Quel calme, quelle profonde douceur! Son petit corps abandonné dans ses rondeurs parfaites et cette odeur de bébé frais, bien lavé et son souffle régulier et sa bouche un peu ouverte sur l'oreiller, qui voisine une patte de singe affectueux et tout aussi abandonné... cette Chatte calmerait une armée d'anxieux seulement en dormant. Je l'ai regardée, lui ai demandé pardon de mon humeur massacrante des derniers jours et je me suis endormie dans le «lit des grands», comme elle dit, le lit qui était le tien quand tu l'attendais et qui est resté dans sa chambre pour elle, quand (bientôt déjà!) la bassinette sera trop bébé pour cette grande fille.

Dans cette chambre, garder les yeux ouverts n'a rien d'anormal. Il y a quelqu'un qui y dort paisiblement et cela donne presque l'impression d'avoir un devoir à y accomplir. C'est ma manière de me servir de la Chatte, de m'obliger à me sortir de mes idées fixes. Que tu as dû en tourner des idées fixes dans ce lit trop étroit! J'ai beaucoup pensé à toi, ma sœur, du temps où cette Chatte bougeait dans ton ventre et t'empêchait de dormir. Tu sais, à cette époque, bien des fois je me suis arrêtée à la porte de ta chambre avant d'aller me coucher. Bien des fois j'ai hésité à entrer pour t'offrir mon aide, certaine de ton insomnie et jamais je n'ai osé. Parce que ton silence me semblait ta meilleure protection. Je ne voulais pas te l'enlever de force. Un peu comme ce manteau que tu avais gardé toute la soirée sur toi le jour où tu étais venue m'annoncer que tu étais enceinte et «qu'il était trop tard pour y faire quoi que ce soit». Dix-sept ans. Comment aurais-tu pu savoir avant de te voir un ventre? Et tu ne voulais pas que je le vois. Ça t'a pris deux mois avant de relever ta chemise et de me le montrer. Deux mois! À ton sixième mois et demi, presque sept. Et ce n'est qu'à la veille d'accoucher que tu m'as parlé. Cette nuit à parler, vider de mots ce passé trouble et troublant. Je me souviens qu'à l'aube, à la première vague de silence, tu as perdu tes eaux. Nous n'en avons jamais reparlé. Dans le fond aujourd'hui, j'ai toujours l'impression que c'est toi la plus vieille. Toi qui en sais le plus, toi qui en connais le plus long de cette vie et de ses mauvaises courbes. Je suis une ignare et une naïve heureuse de sa naïveté. Peut-être est-ce pour ça que tu m'as laissé la Chatte? Pour qu'elle ait une enfance avec moi qui ai encore des illusions d'enfant?

Je les perds peu à peu, elles s'effacent tranquillement et je prends mes premières rides de l'âme. Comment ai-je pu passer sans plus de mal à travers la mort de maman? On dirait que je n'ai rien vu, rien aperçu de ce que je perdais avant l'âge de douze ans. Toi, tu étais si petite que tu ne l'as presque pas connue. Aujourd'hui c'est pareil: Gaétan est parti depuis cinq jours et je commence seulement à le ressentir. Pas l'absence, non, pas le vide du lieu, mais l'inquiétude du cœur, l'incertitude lamentable, l'angoisse obsédante: est-il ou non parti? La fin de quoi? D'une période de mon amour ou de mon amour? Est-ce cela de l'amour? Revoir sans cesse sa main qui farfouille dans ses cheveux quand il parle? Ou la façon dont sa canine accroche le bord de sa lèvre quand il rit? C'est tout ce qui me vient! Ces images et l'envie féroce de le toucher et de dire: «On arrête tout, il y a une erreur, on recommence.» Mais je sais bien que s'il y a une erreur, c'est dans ma façon de voir les choses ou de ne pas les voir. Je voudrais que Gaétan revienne. Voilà. Je voudrais encore une fois faire le jardin avec lui. Ou l'arbre de Noël. Ou de la sauce à spaghetti le samedi après-midi avec cette odeur d'oignons et de tomates, cette odeur de mijoté. Et m'obstiner pour qu'il ne mette pas de piments verts dedans! Est-ce que c'est cela de l'amour? Seulement cela? Ces choses petites qui n'ont rien de grandiose hormis leur effroyable quotidienneté? Ces petits gestes qui remplissent des jours dessinés d'avance sur un calendrier. Comment un homme peut-il alors résister à l'envie de l'aventure que n'importe quelle assistante (même boiteuse, même avec un appareil d'orthodontie) peut incarner? Je ne ferai jamais le poids avec mon amour trop confortable qui goûte le sucre à la crème et qui finit par tomber sur le cœur. Je ne serai jamais excitante parce que j'haïs les baby-doll en nylon et que je dors en jaquette de flanellette. Je ne serai jamais autre chose que moi-même, même si je change (et je change!).

Mais c'est quoi aimer? Quand arrive la certitude d'en être capable? C'est comment l'impression que là, ça y est, l'amour nous mène, nous habite, nous «confond» comme ils disent dans les livres? Le sais-tu, toi ma sœur? As-tu appris cela?

Quand je pense que je me pose ces questions-là et que je suis celle qui est laissée! Imagine Gaétan avec son choix! Il doit être bien mêlé, il doit se poser des questions autrement moins philosophiques que moi! Chose étrange, je n'arrive pas à la voir, elle. Je la sais, mais je ne me la figure pas. Je crois que je n'ai pas envie d'explorer cette partie de la vie de Gaétan, il y a une drôle de crampe qui me prend seulement à écrire l'éventualité...

C'est très étrange mais après sept ans de mariage, je me suis demandé si l'habitude et mon manque d'envergure personnel faisaient que je m'imaginais aimer Gaétan. J'ai beau fouiller, cela est si lié, si intimement tricoté avec notre façon de vivre ensemble tous les deux (puis tous les trois) que je n'arrive pas à séparer les deux: nos habitudes et l'amour. Je te parlais il n'y a pas très longtemps de ce que j'aurais dû faire, tu sais, partir avec la Chatte te rejoindre en Italie. Eh bien, jamais Gaétan ne pourrait y vivre avec nous. Impossible. Cela ne cadrerait pas, quelque chose sonnerait faux, serait forcé, obligé. Quoi, je ne pourrais pas l'expliquer. Mais c'est comme ça: notre trio va avec ce pays impossible qui neige et grêle et fait tous les temps avant le temps. Dans cette maison avec son salon trop grand et sa cuisine lumineuse et son solarium...

Maintenant que le temps passe, je trouve qu'il réfléchit beaucoup trop fort et trop bien à la situation. J'ai de plus en plus peur qu'il n'ait emmené une distraction dans son exil temporaire. On dirait que je ne suis bonne qu'à renvoyer les gens avec une valise. Je me souviens tant de toi avec ta valise à l'aéroport. Mon Dieu, j'ai encore le goût de pleurer en y pensant.

Sais-tu que je n'ai jamais pu avaler un autre jus de tomate depuis celui de l'aéroport qui m'était resté en travers de la gorge avec tous mes arguments pour te retenir? Je n'ai rien dit, rien tenté. Je voulais que tu oublies, ma sœur, que tu vives sans ce trou béant que je voyais dans tes yeux. Je me sentais si coupable, si impuissante et si maladroite.

Je crois encore que tu es partie parce que tu ne voulais plus jamais voir aucun membre de cette famille, jamais. Ni notre père, ni moi, ni ta fille. Dans le fond, Gaétan serait peut-être le plus susceptible de t'être supportable! Je dis bien supportable.

Je voudrais qu'il revienne. Je suis comme un vieux 78 tours qui accroche toujours où c'est brisé. S'il part, j'aurai à nouveau l'impression d'être désertée dans ce que j'ai de plus cher. Et ce n'est pas pour rien que c'est toi qui ramasses toute cette littérature depuis qu'il est parti. Tu es ma seule famille et la Chatte ne parle pas encore très bien de couple et d'amour. Quoiqu'elle y vienne: les questions s'accumulent depuis cinq jours! Elle ne m'épargne pas beaucoup. Très curieuse et en même temps très savante, elle se tient plus tranquille, m'observe, me teste de temps en temps. Et j'avoue que c'est difficile de vivre ça toute seule avec elle. Sa présence est exigeante: elle me distrait et m'accable en même temps. Elle me fait passer de l'exaspération la plus totale aux larmes. Je crois que la Chatte trouve notre crise conjugale un peu lourde. Cet après-midi, elle qui est née en disant: «Whippet» et qui hurle à six heures moins le quart pour obtenir un ou deux biscuits a seulement murmuré: «Usse un whippet avant souper t'as dit» alors que, dans ma distraction, j'étais prête à lui céder la boîte au complet. La Chatte a besoin de ses habitudes. Peut-être que pour elle aussi elles ont toutes les apparences de l'amour?

Je voudrais trouver et lire un manuel où on explique clairement, avec des exemples concrets et pas ordinaires, ce qu'est l'amour. Y en a-t-il un en italien? Le sais-tu, toi? Dis-moi que tu n'as pas trop peur que je déséquilibre ta fille avec toute cette histoire. Me l'as-tu laissée parce que mon couple avait toutes les apparences de l'harmonie? Peut-être ne devrais-je pas être si inquiète, si alarmiste... tu vas douter de mes qualités de mère auxiliaire. Et si Gaétan ne revenait pas ici, m'enlèverais-tu la Chatte? Réponds-moi vite que je puisse enfin cesser de m'inquiéter. Et si jamais tu sais ce qu'il faut faire, dis-le-moi et vite. Je te le dis tout net: de Gaétan, je pourrais peut-être me passer, de toi, je me passe très mal, mais d'elle, la Chatte, mon amour, ma joie totale, j'en mourrais. Tu es partie, Gaétan semble en transit et, toute seule la nuit, je regarde la Chatte dormir en sachant qu'un jour elle partira et que ce sera bon et bien. Et que j'en serai même heureuse. Mais pas maintenant.

Moi qui ne crois pas en Dieu depuis l'âge de douze ans, je voudrais trouver une Bible et te faire jurer solennellement. Je suis une peur vivante. Je réalise que dès qu'on met le pied dans la vie, on commence à éprouver la perte. Et on finit par tout perdre. Tu savais bien sûr tout ça. Si tu sais autre chose, dis-le-moi.

Ta sœur qui a peur de se perdre.

Aurélie

* * *

Novembre 1963

Ma fidèle, ma chère sœur si grande.

Ton télégramme est arrivé en même temps que Gaétan! Je fermais le téléphone après avoir fait répéter quatre fois à la pauvre fille ton «Cesse d'avoir peur, la Chatte est parfaite. Tâche d'être heureuse malgré tout» qui te ressemble tant. Pas un mot de trop, mais je sais comme tu as entendu mon angoisse et j'étais si bouleversée que tu me rassures de si loin. J'allais prendre la Chatte dans mes bras quand la porte s'est ouverte et que Gaétan est entré, surpris d'être si attendu, la valise en suspens, l'air totalement déplacé. Nous nous sommes regardés en silence, surpris d'être si éloignés l'un et l'autre de tous les scénarios de retour que l'on avait imaginés chacun de notre côté. Il était là, debout, même pas penaud, ou gêné ou heureux. Rien. Aucun moyen de savoir s'il venait chercher une autre valise ou s'il voulait ranger celle-là.

J'ai remis ma main sur le téléphone instinctivement, comme pour te demander de l'aide supplémentaire. Et c'est la Chatte qui nous a tirés de notre silence. Elle s'est mise à pleurer très fort et à dire à Gaétan: «Où que t'étais, don?» Il l'a prise dans ses bras et elle le tapait en disant, très fâchée: «Va-t'en pus!»

Elle qui ne m'avait rien demandé! Aucune question, aucun comportement qui puisse me montrer qu'elle s'inquiétait, qu'elle ne prenait pas son départ pour un incident professionnel. Elle savait tout. À trois ans et quelques! Étions-nous si fines, si brillantes, si sensibles? Je le pense, même si mes souvenirs sont bien maigres. Je me souviens de *tes* trois ans à toi, avec cette robe jaune brodée en «smoke» que maman réalisait pendant des heures. Elle était déjà si malade, toujours couchée, c'était la seule occupation qui la passionnait sans la fatiguer. Je ne me souviens que de cette phrase-là quand j'étais enfant: «Pas trop fort, tu vas fatiguer maman.» Tu n'as entendu que ça d'elle, toi aussi. Et encore pire... puisque moi, j'ai au moins eu mes premières années avec une mère en santé. Enfin, c'est ce que tante Lilas m'a dit. Moi, je ne me souviens pas. Peu importe pour l'instant.

Donc, la Chatte s'est chargée de nous occuper la première demi-heure. Et j'ai su, puisque elle, elle avait le courage de poser les vraies questions, qu'il était venu déposer sa valise dans la garde-robe, qu'il ne repartirait pas sans nous emmener et que, oui, il soupait avec nous. C'est là qu'il m'a regardée. Pour voir ma réponse, je pense. Je ne sais pas bien. Je ne comprenais pas cet homme-là. Je crois que tant que j'ai attendu son retour, j'ai surtout attendu de savoir qui reviendrait, quel homme, quel inconnu me serait alors révélé. Je ne sais pas ce que je m'étais imaginé. Je crois que je ne pouvais concevoir qu'un tel choc dans ma vie, dans ma perception de lui et de notre couple ne l'ait pas changé aussi. Et je me suis aperçue que lui était le même, profondément, mais que moi, sans bouger, sans faire autre chose que «mon ordinaire», j'avais terriblement changé. Tu sais, cette innocence, cette naïveté (un peu retardée, d'ailleurs) dont je te parlais eh bien, elle s'était enfuie. C'est le lendemain du retour de Gaétan que Kennedy s'est fait assassiner et c'est fou mais j'ai pensé, assise dans le salon en revoyant la séquence du meurtre pour la millième fois, que quelque chose ne serait vraiment plus pareil. Comme si cette catastrophe qui laissait le monde la bouche ouverte de stupéfaction n'était que l'écho mondial de ma petite catastrophe conjugale. Et là, étrangement, je n'étais pas surprise. Comme si je trouvais cela prévisible! Je me souviens avoir dit: «Ça couvait», moi, la si peu avertie!

J'ai beaucoup réfléchi depuis le retour de Gaétan. Nous avons parlé, bien sûr. Il n'a pas eu la bêtise de s'excuser, je n'ai pas demandé pourquoi il s'était décidé pour moi. Sérieusement, je n'ai pas envie de le savoir. Je cherche plutôt à savoir si moi, maintenant, je peux vivre avec lui. En toute confiance.

Eh bien non, je ne peux pas. Je veux dire, je ne peux pas en toute confiance. Et honnêtement, je n'ai pas vraiment pu avant son départ non plus. Il y avait un petit quelque chose de glorieux dans ma tête quand il est parti, un méchant sourire accompagné d'un: «Tiens! Je le savais bien qu'on pouvait pas se fier!»

Et j'en suis toute démontée. Ainsi donc moi qui me croyais la plus pure, la plus intègre et loyale des épouses, je l'attendais de pied ferme! Je la voyais venir la trahison. Pire: j'attendais ma confirmation. Le soupçon m'habitait en fait depuis que j'ai su pour toi et notre père. Ce jour-là, c'est un autre Kennedy qui a été descendu: un pan de mur de ma jolie sécurité s'est effondré. Mais là encore, il a fallu des années pour que je m'en aperçoive.

Je me disais que toi, tu avais été énormément marquée, blessée par cette histoire et j'essayais d'en voir toutes les conséquences sur ta vie. Et la Chatte n'était que la conséquence la plus apparente. Pas la plus profonde. Mais tout ce temps, je m'ignorais, je me faisais l'effet de celle qui est épargnée, à qui il n'est demandé que de penser. Mais ce père était mon père et, à bien des égards, autant un autre homme pour moi avant cette révélation que Gaétan l'a été avant son départ. Et étrangement, le départ de Gaétan n'a été pour moi que l'achèvement d'une menace inconsciente qui me minait depuis ta maternité: aucun homme n'est ce qu'il semble être, toute confiance doit être suspecte, tout élan doit être mesuré. Voilà ce que le retour de Gaétan m'a fait découvrir. Je craignais sa trahison et je l'attendais, certaine de voir la légitimité de mon soupçon confirmée.

Et maintenant, je me demande ceci: jusqu'à quel point ne l'ai-je pas poussé à me trahir, à partir, à me menacer de rupture? Je divague peut-être... Mon doute, le temps que je l'ai entretenu à mon insu, me rend inquiète. Je commence à comprendre pourquoi tu disais qu'on n'a pas le droit d'être inconscient. Et tu ne parlais pas pour les autres, comme je le croyais à l'époque, tu voulais dire: pour soi-même. Et c'est cela que j'apprends si lentement, si péniblement.

Gaétan est revenu dans notre vie à la Chatte et à moi. Après quelques longues séances de «pourquoi» «quand» «veux-tu», la Chatte s'est rassurée et a accepté de dormir sans moi (elle affectionnait particulièrement de m'avoir à portée de la main le matin, vers six heures, à son premier réveil!) à condition de prendre le lit des grands. Ta fille, cette précoce grande fille, est donc dans ton lit maintenant. La bassinette sert de lit à la ménagerie et aux poupées. Elle est à peine assez vaste!

Et Gaétan lui, a retrouvé le lit conjugal en même temps que moi. Nous avons beaucoup parlé et j'ai posé à mon tour, mais de façon moins candide, les mêmes «pourquoi», «quand», «veux-tu» et il a pris, je crois, plus de temps pour me répondre. J'ai appris bien des choses que des années de mariage harmonieux ne m'auraient jamais révélées! Et c'est là que j'ai compris que, d'une certaine manière, quelque chose comme ma confiance en lui était tombée à moins que rien le jour où j'ai su pour mon père. Je dis mon père parce que celui-là était si peu le tien. Et, finalement, dans une famille il y a autant de parents qu'il y a d'enfants, si on considère les sensibilités différentes et les rapports si éloignés.

Je ne sais pas quel âge tu avais quand ton père est mort, je sais que, pour moi, c'est ce jour où, enveloppée dans ton manteau gris dans le salon pourtant trop chaud, tu m'as raconté ses actes avec ta voix cassée, monocorde, ta voix de celle-qui-est-plus-là. Et ce n'est qu'aujourd'hui, trois ans et demi plus tard que je sais que j'ai haï plus que ce seul homme et que mon mari (peu importent ses torts personnels) faisait partie du lot des écœurants. Je te dis tout cela pour t'expliquer à quel point ces événements n'ont pas été vidés de leur poids et combien on paie longtemps (lui, toi, moi, la Chatte???) le silence qui recouvre tout cela. Et je ne me sens pas très fière de moi et de mes agissements avec Gaétan.

Je veux te dire que cette nuit où, avant de mettre au monde la Chatte, tu m'as tout raconté est le cadeau le plus précieux que tu te sois fait. À moi aussi, pour la confiance, mais à toi pour la liberté et la libération, même si on ne se libère jamais vraiment.

Je te l'ai déjà écrit: j'ai six ans de plus que toi et probablement autant de moins en expérience de vie et en conscience, cette vertu que tu développes avec ta rigueur implacable. Tu m'as déjà dit qu'être artiste exigeait cette rigueur de toute façon. Je suis une petite artiste qui, cent fois, remet ses mains sur le métier. Une petite artiste qui t'admire et apprend peu à peu en te regardant. Et en regardant cette Chatte, si digne de toi dans sa constante volonté de savoir, de poser inlassablement des questions.

Je t'aime, ma sœur si savante. Merci pour ce télégramme et oui, *malgré tout,* malgré même ton absence, je tâche d'être heureuse.

Aurélie

* * *

Août 1965

Ma chère à moi.

Je me sens si infidèle, si peu fiable à te donner des nouvelles. Aujourd'hui, alors que le soleil baissait dans le ciel si parfait de cette journée chaude (il descend de plus en plus tôt et la journée avait l'air d'un adieu mélancolique à l'été, une de ces journées où la beauté est si grande qu'elle ne fait qu'accuser son impardonnable fugitivité)... bon, je m'emporte on dirait bien, donc, dans cette fin du jour du mois d'août, les cloches d'une église se sont mises à sonner et je me suis demandé, machinalement, s'il y avait un mariage quelque part. Comme quand on était petites et qu'on regardait les mariages sortir de l'église tous les samedis. Te souviens-tu? Nous partions toutes les deux, très tôt et très excitées et nous restions sur la pelouse bien entretenue du bedeau Martel à regarder les mariés, à commenter les robes, les parures, le voile, la coiffure de la mariée et du marié. Mon dieu, que nous nous sommes amusées toutes les deux de ces beaux samedis d'été. Quelquefois, des gens nous donnaient des sous pour qu'on aille s'acheter des bonbons pour être de la fête un peu. Et on se bourrait en regardant les rubans blancs vibrer au vent sur les voitures fraîchement lavées. Te souviens-tu, ma sœur (les souvenirs me reviennent à une vitesse folle), te souviens-tu de ce mariage qui, sitôt entré à l'église en était ressorti avec cette belle femme en larmes? Te souviens-tu de la façon dont elle a arraché son voile (tout petit, coquet, mais qui n'avait rien de solennel), l'a garroché en hurlant: «J'm'en sacre!»? Combien de fois avons-nous refait l'histoire de cette débâcle, l'histoire du mariage raté, gâché, du mariage qui n'a pas eu lieu. Je me souviens de ta bouche ouverte, de ton air sidéré. Nous avions mangé un popsicle aux fraises et ta bouche était beaucoup plus rouge que d'habitude. La mariée (enfin, la fausse mariée) était passée près de toi et t'avait poussée un peu brusquement. Tu avais pris ma main et l'avais serrée très fort jusqu'au départ de la voiture. Je ne me souviens pas de t'avoir vue ressentir une telle frayeur une autre fois dans ma vie.

Est-ce que cette femme t'a donné pour toujours la crainte des cérémonies? Tu les as tellement détestées. Remarque que ta fille, sans assister à des mariages ratés, a la même horreur que toi des mondanités. L'autre jour, je suis allée à un shower (bien sûr que la coutellerie était parfaite! Ne te moque pas et ne sois pas méprisante: ce sont des gens bien mais qui aiment les conventions) et la Chatte a dû m'accompagner parce que sa gardienne a eu un empêchement de dernière minute (je la soupçonne plutôt d'avoir eu un rendez-vous plus intéressant!). Elle était en beauté, la Chatte, avec sa robe rose avec une belle boucle en arrière et des broderies jaunes au col. Elle a fait son pire: elle est entrée en réclamant des biscuits comme si je ne l'avais pas nourrie depuis une semaine, elle a ensuite boudé ce qu'on lui a offert, a refusé d'embrasser qui que ce soit, a répondu «non» à chaque question qu'on lui posait et a finalement secoué ma main jusqu'à ce que, épuisée, incapable de soutenir la moindre conversation, j'abdique et me dirige vers la sortie. Alors là, grand numéro: le charme des «au revoir». Elle est allée dire bonjour à chacune, avec son sourire irrésistible, toutes fossettes dehors: une merveille de duplicité! Tu l'aurais adorée dans son numéro de mondaine récalcitrante. Sur le chemin du retour elle parlait, placotait, commentait et j'ai alors pensé qu'elle avait le même âge que toi tu avais quand nous allions voir les mariages: cinq ans. Seulement cinq ans! Que tu étais petite! Je la regardais et t'imaginais dans mon souvenir: impossible que tu aies été si petite et si placoteuse, il me semble que tu avais déjà une solide opinion esthétique! Et pourtant... si j'avais onze ans, tu devais bien en avoir cinq. Et je contemplais la Chatte parler, avec cette assurance des petites personnes souvent écoutées et, encore une fois, j'ai remercié le ciel, malgré tous ses manquements, de ce don inestimable qu'est ta fille dans ma vie. Je dis cela même si je ne crois plus au ciel depuis une éternité. Je le dis pour te dire merci à toi, même si cela ne se dit pas vraiment. Enfin, je le dis quand même... tu dois bien comprendre un peu ce que j'essaie de dire si gauchement.

Cette nuit, si je t'écris au lieu de dormir, c'est que la Chatte m'a réveillée. Ça lui arrive de ce temps-là: elle parle dans son sommeil. Je crois qu'elle m'appelle, je me lève et, dans sa chambre, bien tranquille dans son lit «de grande», elle parle, les deux yeux bien fermés. Elle placote. Je comprends très peu de choses, c'est assez spécial comme langage! Mais laisse-moi te dire qu'elle en a long à transmettre. Va-t-elle te ressembler et cesser un jour de parler? Toi, si bavarde enfant et qui, en grandissant, s'est tue. Tu me parles si peu de toi dans tes lettres... je ne sais pas vraiment si tu es heureuse ou amoureuse, ou si nous te manquons la Chatte ou moi, ou même Gaétan.

Il va bien dans sa nouvelle vie conjugale. L'autre jour il m'a encore acheté un Vivaldi. Je deviens peu à peu, disque après disque, une sorte de spécialiste. Les *Quatre saisons* sont loin derrière: il a tant écrit et de si grandes œuvres. Ouain... je m'éloigne, je zigonne, je fais le tour du pot: vas-tu bien, ma sœur? As-tu trouvé une certaine tranquillité, un état d'âme qui ressemble à la sérénité pour te permettre de vivre sans te déchirer comme tu le fais de ces matières que tu tranches avec tes instruments. Je me demande soudain si tu n'as pas cessé de parler, toi qui avais toujours quelque chose à ajouter lorsque tu t'es retrouvée toute seule avec notre père. Est-ce cela la cause de ce revirement? Cela plus que l'adolescence sur le compte de laquelle j'avais mis, en bonne pédagogue que j'étais, ton mutisme?

Quelquefois, vois-tu, le remords me prend et je tente (c'est inutile, je sais, et je gaspille mon énergie, mais je crois en avoir besoin) de refaire le récit de cette période de ma vie avec la vérité au lieu du mensonge dont je me suis si facilement (le vrai mot qui me vient est lâchement) accommodée.

Dis-moi une chose ma sœur, peux-tu encore aimer ou est-ce la crainte de cette vacuité qui t'a fait t'absenter si loin? Et puis ne le dis pas si tu n'as pas envie. Laisse-moi me dépatouiller avec tout ça: c'est mon lot de lente, mon lot de lambineuse qui arrive le lendemain du party en trouvant que ça manque d'ambiance.

Ta fille dort et ne placote plus. Elle respire doucement, la tête un peu penchée vers l'ourson qui a sa faveur de ce temps-là. La maison est tellement silencieuse. Je voudrais être sûre de te revoir un jour. De te revoir et de te retrouver. Ta fille m'en apprend tellement sur toi... mais ce soir, je voudrais pouvoir veiller sur ton sommeil comme sur le sien. Veiller sur toi avec mon amour, comme je n'ai pas toujours su le faire. Veiller sur ma petite sœur qui avait serré si fort ma main sur la pelouse devant l'église. Je voudrais, avec un grand retard, serrer ta main et te rassurer.

Il me semble que cela me rassurerait, vois-tu.

Je suis sûre qu'il y a quand même quelqu'un d'intact en toi... À cause de la Chatte qui en témoigne avec tant de vitalité. À cause de l'art aussi, toujours vivant dans ta vie, à cause de la beauté...

Je t'aime, vois-tu. Bonne nuit, j'embrasse ta main si précieuse.

Aurélie

MISE EN PAGES ET TYPOGRAPHIE :
LES ÉDITIONS DU BORÉAL

CE TROISIÈME TIRAGE A ÉTÉ ACHEVÉ D'IMPRIMER
EN NOVEMBRE 2005 SUR LES PRESSES DE MARQUIS IMPRIMEUR
À CAP-SAINT-IGNACE (QUÉBEC).